LA

MISSION DE J. DE LUCCHÉSINI A PARIS

EN 1811

PAR

PAUL MARMOTTAN

Extrait de la *Revue historique*,
Tome CXXX, année 1919.

(Les tirages à part ne peuvent être mis en vente.)

PARIS

1919

LA
MISSION DE J. DE LUCCHÉSINI A PARIS
EN 1811

PAR

PAUL MARMOTTAN

Extrait de la *Revue historique*,
Tome CXXX, année 1919.

(Les tirages à part ne peuvent être mis en vente.)

PARIS
1919

LA

MISSION DE J. DE LUCCHÉSINI A PARIS

EN 1811[1].

Du 20 au 30 mars 1811, quand on apprit qu'un héritier mâle était né au nouveau Charlemagne, toute l'Europe ressentit une commotion, et naturellement, dans les monarchies feudataires et les provinces vassales ou annexées les plus éloignées, l'idée d'envoyer des députations à Paris pour féliciter l'Empereur se répandit et fut encouragée officiellement. Quant aux bonnes villes, au nombre de quarante-neuf, elles devaient être représentées par leur maire, ou leurs adjoints avec une suite. La municipalité de Rome, deuxième bonne ville, nomma le duc Braschi et fit faire des livrées pour les deux ou trois appariteurs ou massiers l'accompagnant. Tout cet appareil partit pour Paris.

En Toscane (où la grande-duchesse Élisa, sœur aînée de l'Empereur, tenait en son nom une cour fameuse au palais Pitti et dans dix autres châteaux), ce fut cette princesse qui désigna elle-même les députés. Son choix se porta pour Lucques sur l'avocat Louis Matteucci, ministre de l'Intérieur et grand juge, ministre de la Justice, l'intelligence politique la plus haute de la principauté, et, pour Florence, outre les membres de la municipalité, et pour la représenter plus directement comme grande-duchesse, sur le marquis Jérôme de Lucchésini, grand maître de sa cour.

---

1. D'après la correspondance de Lucchésini avec la grande-duchesse en 1811. Elle compte quarante-huit pièces, toutes inédites, en y comprenant les notes annexes, qui sont les plus longues. Nous n'en possédons qu'une copie provenant des papiers ayant appartenu au chevalier Eugène Le Bon, ancien secrétaire des princes Baciocchi, et acquise par nous en 1902 du petit-neveu de M. Le Bon, M. Ed. Dessales, qui habite Trieste. Les originaux sont ailleurs. La copie que nous avons utilisée et que nous avons fait vérifier a été prise avant 1820; elle a appartenu à la princesse Élisa. Le numérotage des pièces suit l'ordre chronologique.

Diplomate fameux, ayant fait sa carrière jadis en Prusse, son pays d'adoption, bien qu'il fût Italien et Modénais de naissance, Jérôme de Lucchésini était un personnage très décoratif, ayant été mêlé à la grande politique internationale pour la Prusse comme ambassadeur depuis le dernier quart du xviiie siècle. Tour à tour chargé de missions ou ministre à Rome, à Pétersbourg, à Varsovie, à Vienne, à Paris, il connaissait comme pas un les secrets et le personnel des Cabinets et n'était tombé en disgrâce, auprès de son souverain le roi Frédéric-Guillaume III, que tout récemment, en 1806, après Iéna. Il avait eu la douleur de signer l'armistice de Charlottenbourg, alors que Napoléon, aux portes de Berlin avec son armée victorieuse, tenait la Prusse à merci.

Rentré à Lucques, où demeurait sa famille à la fin de février 1807, nommé par Élisa grand maître de sa cour, choix qui avait été soumis à l'agrément de l'Empereur, Lucchésini suivit la princesse à Florence en 1809 quand elle fut nommée grande-duchesse de Toscane. Il était un des principaux personnages de son entourage au palais Pitti, mais il ne s'occupait plus de politique.

Le 1er mai 1811 — la date du baptême du roi de Rome avait été fixée au 9 juin — Jérôme de Lucchésini partit pour Paris avec l'avocat Matteucci, muni d'abord d'une lettre de créance en italien pour l'Empereur, puis de lettres de présentation auprès des ministres et des grands dignitaires. Une gratification spéciale de 12,000 fr., accordée par les princes de Lucques, leur fut donnée[1]. La mission de Lucchésini n'était pas seulement d'apparat, mais il était aussi chargé par Élisa de tâter le terrain et les membres de la famille impériale sur la possibilité morale, c'est-à-dire sur l'acquiescement de l'Empereur, et matérielle, c'est-à-dire sur un emprunt à obtenir auprès de l'un d'eux en faveur de la grande-duchesse, toute prête à partir pour Paris de son côté, mais encore hésitante. La princesse était demeurée six mois à Paris l'année précédente, ayant amené et entretenu une partie de sa cour pendant les fêtes du mariage. Elle avait ainsi fortement ébréché sa liste civile, dont d'ailleurs le paiement subissait souvent des retards[2]. Elle aurait bien voulu revenir à Paris en 1811, mais avec l'agrément de son frère et une aide pécuniaire. Lucchésini devait consul-

---

1. Archives de Lucques, registre 195, document n° 595. Le secrétaire Froussard à Lucchésini, 3 mai 1811.
2. Sur ce déplacement princier à Paris, voir notre ouvrage : *le Voyage de la grande-duchesse Élisa à Paris en 1810*, Paris, Félix Alcan, 1915, 1 vol. in-4°.

ter et préparer les esprits à ce sujet, puis renseigner sa souveraine. Ses premières lettres de Paris y font plusieurs allusions.

En fin de compte, avec toutes ses démarches et visites, le temps se passa, et quand l'Empereur, consulté sur cet objet, eut à se prononcer, il jugea que la princesse avait attendu trop longtemps pour se décider et qu'il n'y avait plus lieu qu'elle se dérangeât, les fêtes du baptême étant terminées. Si Élisa hésita, c'est qu'elle était froissée de ce que l'Empereur eût refusé en 1810 de lui venir en aide pécuniairement. Elle craignait en renouvelant son déplacement de s'endetter à nouveau.

Le grand maître était chargé aussi de donner à sa souveraine des nouvelles de la cour des Tuileries et de Saint-Cloud. Il ne s'en fit pas faute. Sa correspondance, comme on le verra, abonde en curieux détails sur ce sujet.

En outre, grave commission, Lucchésini devait enquêter sur une dame de Cavaignac qui postulait le poste de gouvernante de Mme Napoléon, fille d'Élisa, princesse héréditaire de Lucques. Le choix d'une institutrice française n'était pas encore définitif en 1811 pour remplacer ou suppléer celle qu'avait la jeune fille [1], la baronne italienne de Riccardi. Mme de Genlis, grande amie d'Élisa, s'en mêlait de son côté et voulait obtenir la place pour sa nièce, Mme de Finguerlin, dont elle faisait dans ses lettres un éloge intarissable. Le ton même de ces lettres — on a pu en juger [2] — était fait pour l'imposer, ce qui arriva.

Lucchésini devait enfin donner par correspondance à la grande-duchesse des nouvelles politiques et diplomatiques; ici, il reprenait un rôle dans lequel il avait excellé jadis, en analysant avec finesse et pénétration dans ses bulletins les dessous et les causes des événements. La correspondance que nous publions contient des résumés de sa plume où l'on reconnaît l'adresse du professionnel.

La princesse se proposant aussi d'établir des pages à sa cour, demande à Lucchésini de prendre tous les renseignements utiles sur l'organisation de ce service auprès de Napoléon.

Quant à l'affaire toujours traînante du choix d'un secrétaire général des commandements, déjà discutée en 1810 à Paris même chez Montalivet et Bassano, Lucchésini en reparle aussi. Il nous

1. La princesse, fille d'Élisa, née en mai 1806 à Marlia près de Lucques, venait d'avoir seulement cinq ans. Elle était venue avec sa mère à Paris en 1810 lors du mariage de l'Empereur.
2. Voir notre ouvrage: *Mme de Genlis et la grande-duchesse Élisa (1811-1813)*, Paris, Émile Paul, 1912, 1 vol. gr. in-8°.

rappelle le nom de M. Benoist évincé, et il prône un instant Artaud, l'ancien intérimaire de l'ambassade française en Étrurie[1].

Ce voyage des deux Lucquois, dans un moment où Paris, sous l'influence d'une cour incomparable, a vécu les jours les plus brillants de son histoire, produisit sur les deux compagnons, venus de si loin, des impressions diverses. Sur le provincial Matteucci, c'était comme un accablement de visions splendides, éblouissantes, dont il demeurait stupide. Pour le vieux diplomate retors et madré, chamarré de croix sur son uniforme brodé, c'était également un spectacle féerique, atténué pourtant dans son éclat par l'habitude qu'il avait des cours.

La vie de fêtes en 1811 continuait à Paris tout comme en 1810. L'Empereur, qui tenait à dépenser beaucoup pour faire aller le commerce, visait aussi à ce que ses sujets fussent contents. Comme, en ces années de paix, la gloire, et quelle gloire! était de la partie, rien ne s'opposait à la ruée vers le plaisir.

Ce voyage dura trois mois, l'Empereur n'ayant pu, au milieu de ses multiples préoccupations, accorder à nos délégués l'audience sollicitée avant le 19 juin 1811, au lever, à Saint-Cloud. Si Matteucci est à plaindre parce que cette vie de représentation hors de chez lui le tire de son petit train-train habituel, il a pourtant quelques affaires de service à traiter avec les ministres impériaux. Lucchésini, en ce qui le concerne, se réjouit de ce retard, car il est dans son élément. N'est-il pas de sa personne un peu Parisien? Au temps de son ambassade sous le Consulat, il suivait les cours de la Bourse, fréquentait les spectacles et la maison de Talleyrand, son intime, donnait des gavottes, allait aux séances de l'Institut, chez Mme Récamier, chez Mme de Montesson, partout enfin.

Aujourd'hui, avec le prestige dont jouit la sœur aînée de Napoléon, prestige certain, indiscuté, qui lui sert de nouveau talisman, il est pour Matteucci, son fidèle compagnon, le cicerone rêvé. Si Matteucci ne le suit pas chez tous les princes indistinctement, Lucchésini ne manque à aucun de ses devoirs en dînant chez l'archichan-

---

1. Alors en disponibilité à Paris depuis septembre 1806, bien que restant attaché au ministère, Artaud avait déjà fait ses offres de services à Élisa le 1er mai 1809. Voyez notre ouvrage intitulé : *le Royaume d'Étrurie, 1801-1807*, p. 167, note. De Paris, le 6 octobre, il lui écrit encore, entre autres lignes, ceci : « ... Sous l'administration habile de V. A. I., l'exaltation de tous les partis doit être réprimée par la douceur et la fermeté réunies, et c'est sous de tels auspices que j'estimerais heureux de rentrer dans la carrière et d'appartenir à V. A. I., dont je suis accoutumé depuis longtemps à admirer les sages leçons. » (Lettre inédite, fonds Le Bon, en possession de l'auteur.)

celier, chez Fontanes, chez Marescalchi, chez les Laplace, en fréquentant chez Madame, chez la princesse Pauline, chez Mme de Genlis, chez le comte Daru, et si le séjour des deux Italiens pendant trois mois à Paris est provoqué par le retard toujours plus accentué de l'audience impériale, tant mieux, nous lui devons des lettres fort intéressantes dont nous sommes heureux de révéler aujourd'hui le contenu.

I.

16 mai 1811.

Madame,

J'arrivai ici hier à dix heures du soir; quelques réparations indispensables à la voiture m'avaient retenu quatre heures à Lyon. — Ce matin j'ai rempli les petites commissions que V. A. I. et R. m'a données pour les sieurs Fries et Le Maire[1].

J'ai eu l'honneur de faire ma cour aujourd'hui à S. A. I. Madame, mère de l'Empereur : je lui ai remis la lettre que V. A. I. avait eu la bonté de me confier pour cette princesse; j'ai trouvé Madame bien portante, prenant le plus vif intérêt à tout ce que j'ai pu lui dire de l'état de souffrance dans lequel j'avais eu le regret de laisser V. A. à mon départ. — Elle m'a demandé avec empressement des nouvelles de Mgr et de Mme Napoléon[2]. S. A. I. m'a dit qu'elle avait désiré d'aller cette année prendre les eaux de Lucques[3], mais qu'elle avait sacrifié ce projet à l'espoir de revoir à Paris ses deux fils : LL. MM. les rois d'Espagne et de Westphalie. Cet espoir a commencé à se réaliser hier au soir, le roi Joseph étant effectivement arrivé au Luxembourg[4]; on attendait le 25 le roi Jérôme. — Connaissant la tendresse de Madame pour les princes ses fils, j'ai pris la liberté de lui demander des nouvelles de S. M. le roi Louis; elle a eu la bonté de me dire que ses dernières lettres de Grätz en Styrie prouvaient que ce climat convenait assez à ses maux, dont il se sentait un peu soulagé.

LL. MM. II. sont à Rambouillet; il n'y a que douze personnes du

---

1. Friese, joaillier, rue du Bac, n° 1 ; Le Maire, fabricant de nécessaires, rue Saint-Honoré.
2. Le prince Félix et sa fille Napoléone-Élisa.
3. Madame y avait déjà fait une saison précédemment, en juillet et août 1804, accompagnée de sa fille, de son gendre le prince et de la princesse Camille Borghèse. Voir notre ouvrage : *Bonaparte et la république de Lucques*, p. 110-114.
4. Depuis thermidor an XII, Joseph avait son logement au Luxembourg, d'abord au grand palais, ensuite plus tard au petit, au titre de Grand Électeur, puis de roi de Naples, enfin de roi d'Espagne; après 1806 il mit son hôtel du faubourg Saint-Honoré à la disposition de l'Empereur son frère.

voyage. Mme la duchesse de Montebello en étant aussi, je lui ferai parvenir demain par l'obligeante entremise du comte de La Vallette la lettre et la parure que S. A. I. a adressées à S. M. l'Impératrice[1].

L'opération de la vaccine n'a rien ôté au roi de Rome de l'état florissant qui se rencontre à peine dans un enfant de sept mois. Le retard de la cérémonie du baptême pourra donner à S. M. la reine de Naples le temps de faire sans trop de fatigues le voyage de Paris. — Cependant le roi son époux craint que son état ne lui permette pas de venir remplir les honorables fonctions auxquelles le choix de l'Empereur l'appelle[2].

V. A. I. recevra avant cette très pressante (?) dépêche une lettre de Madame et une de Mgr le cardinal Fesch. Le public le nomme pour président au Concile national qui va se réunir le 9 juin.

Je suis, avec respect, Madame, de S. A. I. et R., le très humble, très soumis et très fidèle serviteur et sujet.

LUCCHÉSINI.

II.

18 mai 1811.

Madame,

Quoique S. A. I. Mme la princesse Pauline soit depuis quelques jours indisposée d'un retour de rhumatismes, elle daigna pourtant me recevoir hier à Neuilly[3]. J'eus l'honneur de lui remettre la lettre que V. A. I. m'avait donnée pour son auguste sœur. — Celle dont M. le comte de La Briffe[4] était porteur ne lui avait été remise que quatre jours avant la mienne, ce chambellan étant resté quelques jours malade à Paris après son retour d'Italie. Mme la princesse Pauline m'a paru prendre le plus vif intérêt au contenu de ces deux lettres; elle a voulu être informée en détail de tout ce que souffre V. A. I. dans ce moment et en a déploré en même temps la cause et les effets; elle m'a ordonné de vous assurer, Madame, que tous ses vœux sont entièrement d'accord avec les désirs de V. A. I.; m'ayant d'ailleurs accueilli avec une grâce et une bonté parfaites et m'ayant permis d'aller lui faire ma cour de temps à autre, je profiterai avec empressement de cette permission. S. A. aurait d'après les avis des médecins fait un voyage aux eaux, mais elle n'a pas voulu s'éloigner de Paris à l'époque des céré-

---

1. Probablement une parure en pierres de corail ou de pierres dures de la fabrique impériale de Florence.
2. Les fonctions de *marraine* du roi de Rome.
3. Le château de Neuilly, ci-devant résidence du maréchal Murat, gouverneur de Paris, puis grand-duc de Berg, était passé à l'Empereur en 1808 lorsque le prince Murat fut promu roi de Naples. Napoléon l'avait donné à sa sœur Pauline, tandis qu'il accordait la jouissance du château tout voisin de Villiers au prince Kourakin, ambassadeur de Russie en France. Louis XVIII attribua Neuilly au duc d'Orléans en 1820.
4. Chambellan de l'Empereur.

monies du baptême du roi de Rome. Je n'ai pas pu remettre à Mgr le prince Camille la lettre que V. A. I. m'avait donnée pour ce prince, puisqu'il est du voyage de Rambouillet et il accompagnera même LL. MM. II. dans celui de Cherbourg qu'elles vont entreprendre lundi prochain et dont on ne connaît pas au juste la durée. — M. le duc de Bassano n'est revenu qu'hier au soir de Rambouillet et ce ne sera qu'après le départ de cette très humble dépêche que je pourrai le voir et lui remettre les lettres de V. A. I. Ce nouveau ministre des Relations extérieures a su de prime abord captiver les suffrages de tous ceux qui ont des rapports d'affaires avec lui. Mme de Bassano, de son côté, reçoit tous les soirs beaucoup de monde dans sa maison avec aisance et politesse.

S. M. I. n'a pas encore, que je sache, remplacé M. Daru dans l'intendance de sa maison. Le grand-duc de Wurtzbourg[1] retourna hier de Rambouillet. S. A. R. est logée dans le pavillon de Flore aux Tuileries. Le roi de Naples occupe le palais du prince architrésorier[2], et se trouvant ici avec un seul officier et [presque] personne de sa maison, S. M. vit à Paris comme un simple particulier.

J'espère recevoir demain du ministre de Danemark des gants danois pour V. A. I. et je chargerai le sieur Rollier[3] de les faire partir par le courrier dans une cassette bien confectionnée, afin que l'humidité ne parvienne pas à les gâter. Le sieur (*illisible*[4]) me promet le dessin pour la parure de pierres dures avant la moitié de la semaine prochaine.

Je suis, avec respect, etc.

III.

20 mai 1811.

Madame,

Avant-hier je remis à M. le duc de Bassano la lettre de V. A. I. et R. et le prévins de la prochaine arrivée à Paris de M. Matteucci[5]; je me fis un devoir d'entretenir le ministre des titres de mon collègue à son estime et à l'accueil bienveillant que je sollicitai pour moi aussi auprès de S. M. l'Empereur et Roi.

Le duc de Bassano me reçut avec une extrême prévenance et m'ex-

---

1. L'ancien grand-duc de Toscane Ferdinand, dépossédé en 1801, frère de l'empereur d'Autriche.
2. En 1811, le palais de l'architrésorier Lebrun était situé 335, rue Saint-Honoré. C'était l'ancien hôtel de Noailles. Sous l'Empire, il était meublé par la Couronne. Son jardin allait jusqu'à la nouvelle rue de Rivoli.
3. Intendant de Madame Mère, chargé aussi à Paris des commissions de la princesse Élisa.
4. Probablement Friese, le joaillier, d'après l'écriture mal formée.
5. L'avocat Louis Matteucci, né en 1772, grand juge, ministre de l'Intérieur et des Affaires étrangères de la principauté de Lucques depuis 1805.

prima tout son empressement à répondre aux vues de V. A. I. à l'égard de la députation qu'elle a envoyée aux pieds du trône de S. M. I. et me prévint en même temps que le voyage de l'Empereur retarderait d'une quinzaine de jours l'accomplissement de notre commission et m'engagea à aller le voir souvent. — Le même jour, le prince archichancelier[1] reçut la lettre de V. A. I. et, m'ayant retenu à dîner chez lui[2], S. A. me dit qu'il y avait répondu sur-le-champ.

J'ai éprouvé à cette occasion combien l'on doit d'avantages et d'agréments lorsque l'on est chargé des ordres de V. A. I. Je ne saurais assez lui exprimer l'intérêt général que l'on me témoigne pour sa santé et le désir que l'on aurait eu de la voir venir chercher à Paris quelque soulagement et quelques distractions à ses souffrances.

Je n'ai pu encore voir M. Daru, sa place de secrétaire d'État[3] l'ayant appelé à Rambouillet et l'obligeant à suivre son auguste maître dans le voyage que LL. MM. entreprendront demain mardi à deux heures du matin, se dirigeant sur Caen et Cherbourg.

On croit que la cour ne sera de retour que le 7 juin. — Le ministre de l'Intérieur est du voyage. — Le roi de Rome reste à Saint-Cloud; la vaccination suit le cours le plus satisfaisant. S. M. le roi d'Espagne reçut hier au Luxembourg les sénateurs, les conseillers d'État, les personnes attachées aux cours, le corps diplomatique et les étrangers qui avaient été présentés précédemment à S. M. l'Empereur. — Le roi paraît jouir d'une santé parfaite; je crois qu'il compte aller demain à Mortefontaine[4].

J'allais chercher le peintre Gérard lorsque le hasard me le fit rencontrer hier à dîner chez le prince de Bénévent. Je lui exprimai le déplaisir que V. A. I. éprouvait de ne pas posséder encore le portrait que cet artiste a depuis un an dans son atelier. Gérard m'a invité à aller le voir aujourd'hui en sortant de la séance de l'Institut où le comte de La Place m'avait invité; il prétend que cinq jours de travail achèveront l'ouvrage, mais pour y mettre la dernière main il propose

---

1. Cambacérès.

2. Sa table était peut-être la meilleure de Paris. — Depuis qu'il avait quitté son hôtel du Carrousel, démoli pour élever en 1809 la nouvelle aile septentrionale des Tuileries sur la rue de Rivoli, dite aile Napoléon, il avait été installé dans les ci-devant hôtels Molé et du Jura, 58, 60 et 62, rue Saint-Dominique-Saint-Germain. Comme Lebrun, autre grand dignitaire, Cambacérès était meublé par la Couronne.

3. Il venait de succéder dans cette charge au duc de Bassano passé au ministère des Relations extérieures.

4. La terre de Mortefontaine, ancien domaine d'un prévôt des marchands en 1785, Le Peletier, intendant de Soissons, était passée en 1798 par voie d'achat entre les mains du législateur Joseph Bonaparte. Devenu prince français, puis roi, Joseph tripla cette propriété et créa un grand parc avec lacs qui, dans son genre, est un chef-d'œuvre d'art. Mortefontaine est dans l'arrondissement de Senlis (Oise).

un léger changement accessoire d'une jeune gazelle jouant de côté avec la princesse Napoléon. — Daignez, Madame, me faire connaître vos hautes intentions à cet égard. Dès qu'elles nous seront connues, je ferai en sorte que le peintre vous délivre de suite le tableau achevé.

Mme de Genlis nous a donné une nouvelle production de sa fertile plume, dans laquelle, en parlant de l'influence des femmes dans la littérature, elle a jeté encore le gant aux philosophes et des pierres dans le jardin de l'héritière de M. et Mme Necker. Je chargerai M. Rollier d'en mettre un exemplaire dans une cassette qu'il va, je crois, faire partir demain pour Florence[1].

Je suis, avec respect, etc.

IV.

21 mai 1811.

Projets de voyage. — *Notes.* — Quoique la réponse de l'Empereur que Mgr le cardinal Fesch doit avoir fait connaître à V. A. I. ait précédé mon arrivée à Paris, je n'en ai pas moins suivi les instructions que je reçus au moment de mon départ au sujet des projets de voyage. Je l'ai fait avec d'autant plus d'empressement que, d'après ma pensée, le premier mot de S. M. n'est pas un arrêt sans appel. — Je vais rendre compte des opinions opposées qu'ont manifestées à cet égard Madame Mère et Mme la princesse Pauline : elles tiendront en grande partie à la différence de leurs positions qui leur fait envisager d'un point de vue tout différent le désir de S. A. I. — Madame croit que dans les dispositions actuelles de l'Empereur rien ne convient autant aux membres de la famille impériale que de se tenir à l'écart et surtout de ne pas se mettre dans le cas d'avoir besoin du chef de la maison régnante. — Caressant ainsi son penchant à l'économie et le déguisant sous les dehors d'une sage prévoyance, Madame serait portée à conseiller à S. A. I. d'éviter des dépenses de voyage attendu que l'Empereur paraît moins disposé que jamais à faire quelque chose d'utile pour ses frères et sœurs. — Ayant pris les propos de l'Empereur à Mgr le cardinal Fesch trop à la lettre, elle pense que l'on se compromettrait inutilement en essayant de nouveau d'obtenir l'agrément de S. M. I. pour le voyage de Paris.

Mme la princesse Pauline est plus entrée dans la pénible situation et dans les souffrances physiques auxquelles le changement d'air et distractions apporteraient un remède assuré. Elle a regretté que les deux dernières lettres de S. A. I. lui soient parvenues depuis que son indisposition et le voyage de Rambouillet l'ont empêchée de voir l'Em-

---

1. Amie et protégée d'Élisa comme de plusieurs autres membres de la famille impériale, y compris Napoléon, Mme de Genlis entretenait une correspondance avec la grande-duchesse. Voir notre ouvrage : *Mme de Genlis et la grande-duchesse Élisa (1811-1813).*

pereur. — Elle aurait voulu être la première à l'entretenir des projets de S. A. I., mais elle aurait en même temps désiré qu'il n'eût été que de venir à Paris. — Cette princesse m'a répété ce que Madame m'avait dit de l'extrême sensibilité que témoigna l'année passée l'Empereur de ce que Mme la grande-duchesse résista aux invitations réitérées de son auguste frère et prolongea son séjour en France jusqu'au retour de la cour de Fontainebleau. LL. AA. soutiennent que l'Empereur en a souvent parlé avec l'expression de la peine et qu'il a fait entendre à sa sœur que pour prix de cette complaisance il n'aurait plus refusé les justes indemnités pour les frais du voyage de Paris, qu'il n'accorda pas aux demandes qu'on lui en fit au moment du départ pour l'Italie[1].

Maintenant Mme la princesse Pauline se propose d'attendre le retour de l'Empereur et l'arrivée du roi de Westphalie pour faire entrer S. M. dans des vues analogues aux désirs de S. A. I. qui sont les siens. — L'objection de la dépense et de la nécessité de recourir à S. M. pour y suppléer disparaîtra devant les offres du roi Jérôme de n'avoir qu'un ménage avec Mme la grande-duchesse[2]. — L'intérêt général que sa santé excite parmi tout ce qui compose la famille impériale, les grands et la cour m'offre journellement l'occasion de les familiariser sans affectation avec l'idée d'un voyage de S. A. I. en France.

Le duc de Cadore. — La retraite de ce ministre a surpris peu de monde et n'a affligé personne. Plus son choix avait généralement déplu, plus son déplacement a réjoui tous ceux qui avaient affaire au ministère des Relations extérieures; il n'y avait pas un membre du corps diplomatique qui pût se louer de ses procédés; il y en a plusieurs qui ont eu à s'en plaindre. — La nullité de son influence dans les déterminations politiques de l'Empereur lui avait ôté toute considération dans les cabinets étrangers; il cherchait à se venger par des duretés du mépris qu'il croyait obtenir de l'étranger. — L'Empereur, dans les dernières années, ne traitait les affaires avec lui que par écrit. Par extraordinaire, S. M. travailla longtemps avec ce ministre la veille de sa retraite. — A sept heures du matin, le duc de Cadore reçut une

---

1. Venue pour les fêtes du mariage impérial à Paris, Élisa avait séjourné dans la capitale du 17 mars au 11 septembre 1810 et y avait vidé sa bourse. Voir à ce propos notre ouvrage cité plus haut : *le Voyage de la grande-duchesse à Paris en 1810.*

2. Ces offres eurent lieu en effet. Dans sa lettre de Paris, 30 mai 1811, Jérôme écrivait à son frère : « ... Si Votre Majesté veut bien lui accorder cette faveur, j'expédierai un de mes courriers pour l'en informer et elle pourrait descendre à l'hôtel que j'occupe où tout ce que V. M. a eu la bonté de me faire fournir serait suffisant pour elle et pour moi. N'ayant qu'une suite très peu nombreuse et la Grande-Duchesse ne se proposant de se faire accompagner que par deux personnes, je pourrais la loger convenablement » (*Mémoires du roi Jérôme*, t. V, p. 120).

lettre d'affaires du cabinet de l'Empereur et deux heures après, lorsqu'il se croyait plus sûr que jamais de sa place, l'archichancelier alla lui demander son portefeuille pour le remettre au duc de Bassano.

Le silence du *Moniteur* et le simple titre de ministre d'État ont donné à sa retraite le cachet de sa défaveur.

Paris s'est demandé quelle en a été la cause déterminante. Les uns disent que l'on a voulu contenter ou leurrer la Russie en rejetant sur le ministre la dureté de quelques expressions de reproche sur de prétendues déviations du cabinet de Pétersbourg, des principes adoptés entre les empereurs Napoléon et Alexandre. D'autres, voyant que le sieur Clerembault, mari d'une petite femme, censée distraire le ministre de ses occupations ou de ses ennuis, a été rappelé du consulat français à Kœnigsberg en Prusse, où il doit avoir fait une fortune scandaleuse en trafiquant des licences, et sachant qu'on l'a forcé de rendre 800,000 francs mal acquis, ont pensé que l'Empereur a saisi ce prétexte pour revenir sur un mauvais choix qu'il soutenait pour ne pas céder à l'opinion publique. M. de Talleyrand dit très comiquement que, tant que M. de Champagny n'a ennuyé que les autres, l'Empereur s'en est moqué, mais que du jour où il l'a ennuyé lui-même il l'a renvoyé (21 mai 1811).

Madame Mère (notes). — L'appel fait à S. M. la reine des Deux-Siciles pour venir tenir sur les fonts de baptême le roi de Rome a paru à Madame Mère un empiétement sur ses droits et un oubli manifeste des égards qui lui sont dus, soit qu'on l'eût flattée d'être associée au représentant de l'empereur d'Autriche dans cette auguste cérémonie ou qu'elle s'y crût qualifiée comme mère de l'Empereur; tous ceux qui l'approchaient l'entendaient ne mettre aucun doute sur sa nomination comme marraine du jeune roi. — L'article du *Journal de l'Empire* qui dissipa cette douce illusion excita un vif mécontentement chez S. A. I. Son esprit était déjà irrité par ce qui était arrivé aux Tuileries le jour des révérences pour les relevailles de l'Impératrice.

Madame entre dans la salle de la cérémonie et n'aperçoit entre les deux fauteuils de LL. MM. II. que des tabourets. Saisie par un premier mouvement de colère, Madame prend la reine d'Espagne par le bras et l'entraîna hors de la salle en lui disant qu'il n'y avait pas là de places convenables pour les princesses de la famille. L'Impératrice se met à pleurer et dit à l'Empereur qui survint peu après : « N'avais-je pas prévu que l'on s'offenserait de ce traitement ? » L'Empereur répondit : « Tranquillisez-vous, mon enfant, il faudra bien qu'elles s'y accoutument. »

Après cet incident, Madame n'a été qu'une seule fois aux Tuileries et l'on s'est de part et d'autre traité très froidement, quelques personnes ont attribué à cet incident la préférence que l'on vient d'accorder à la reine de Naples sur Madame dans les fonctions du 9 juin; mais cette princesse n'ayant pas d'existence politique en Europe, on trouve tout simple qu'on lui ait préféré une tête couronnée reconnue par tous les traités (21 mai 1811).

Le roi d'Espagne. — Le retour à Paris de ce monarque est un événement remarquable en soi-même et par ce qui l'a accompagné et qui peut en être la suite. — Nul doute que des instances pressantes et réitérées n'aient obtenu au roi Joseph la permission de venir à Paris ; mais après la retraite de Masséna et une espèce de dislocation dans les combinaisons militaires des armées françaises en Espagne, on a supposé que l'Empereur aurait voulu que le roi retardât encore son voyage. Il est cependant certain que, lorsque le prince de Masserano alla demander au duc de Bassano une audience auprès de l'Empereur pour lui présenter une lettre de félicitations du roi Joseph sur la naissance du roi de Rome, le ministre lui répondit par ordre de S. M. I. que le roi, ayant demandé à venir à Paris, il pourrait s'acquitter lui-même de sa commission. — En effet le *Moniteur* a donné cette commission pour motif du voyage de S. M.

Retenu peu d'instants à Rambouillet, le roi n'a plus vu l'Empereur et ne le verra qu'après le voyage des côtes (il a été rappelé à Rambouillet le 20 mai, veille du départ de l'Empereur).

Le roi Louis. — Rien n'a pu engager le roi Louis à retourner en France ; sa méfiance, dont il ne fait point mystère, doit certainement déplaire à S. M. I. La reine Hortense est à Saint-Leu et se porte mieux.

M. Lucien. — Habitant toujours l'Angleterre, il a quitté depuis peu le palais que le gouvernement lui avait offert à son arrivée ; le nom de M. Lucien ne se trouve plus cette année dans l'*Almanach impérial* ; il est même rayé de la liste de la deuxième classe de l'Institut (21 mai 1811).

Notes sur différents objets. — Qu'il me soit permis de réserver pour un second envoi tous les on-dit des nouvellistes politiques de Paris ; je tiens à ne point donner d'idées fausses ou aventurées sur l'état futur de l'Espagne, sur des réunions présumées, peut-être plus que probables, de quelques États d'Italie, sur les relations actuelles entre les cabinets des Tuileries et de Saint-Pétersbourg et sur les opérations du Concile national.

L'entrée de M. de Chateaubriand à l'Académie dans la classe de littérature et des langues, voulue par le ministre de la Police pour rattacher cet écrivain au gouvernement, a produit quelques troubles et occasionné quelques désagréments à MM. de Ségur et de Fontanes. Voici le fait : Chateaubriand prend pour moyen d'introduction de son discours de réception un parallèle piquant entre Milton, grand poète et écrivain, promoteur du procès et de la mort de Charles Ier et des sanglantes proscriptions des partisans de ce monarque infortuné, et

Chénier, auquel Chateaubriand succède et qu'il doit louer. Le discours, plein d'applications personnelles, mais étincelant de traits lumineux, est dénoncé à l'Empereur par Regnault comme un brandon de discordes entre les partis opposés que la Révolution a fait éclore en France.

Ségur et Fontanes, qui l'avaient examiné et approuvé, ont été en butte au vif ressentiment de l'Empereur qui leur a demandé en plein cercle s'ils n'avaient rien de mieux à faire que d'aiguiser de nouveau les poignards des vengeances particulières que S. M. s'était efforcé d'émousser. — L'on a demandé à Chateaubriand un autre discours. Les exagérés du faubourg Saint-Germain voulaient qu'il s'y refusât, mais il a compris que, voulant vivre en France, il ne fallait pas suivre d'aussi imprudents conseils. — Cet événement a acquis une grande publicité, tout le monde est curieux de connaître le discours proscrit et l'on attend avec impatience le jour de sa réception pour entendre celui que Chateaubriand doit lire à sa place. Ségur a été fort affecté des reproches du maître; une explication qui a eu lieu après l'a un peu tranquillisé!

Pour l'Espagne, l'état des armées françaises donne à l'Empereur de justes sujets de déplaisir. Masséna s'est, avec son quartier général, retiré jusqu'à Salamanque. On doit avoir abandonné Almeida et Olivenza, après en avoir fait sauter les fortifications. La désunion entre les chefs, le dégoût parmi les officiers et l'indiscipline des soldats sont à leur comble. Ney accuse Masséna d'incapacité!... Marmont est allé remplacer Ney. Sébastiani revient malade et mécontent. On prétend que le prince de Neuchâtel a décliné deux fois le commandement général de ces armées.

Le prince de Bénévent n'est ni mieux ni plus mal dans l'esprit de l'Empereur qu'il ne l'était l'année passée. Le duc de Rovigo, qui apprécie beaucoup ses talents et ses vues d'homme d'État, paraît porté à lui être utile; mais le nouveau ministre des Relations extérieures qui l'a toujours craint et desservi est aujourd'hui intéressé plus que jamais à entraver le retour de la confiance de l'Empereur envers le prince (21 mai 1811).

V.

22 mai 1811.

Madame,

M. Matteucci annonça hier à V. A. I. et R., par le courrier ordinaire, son arrivée à Paris. Quoique un peu fatigué du voyage, il ne voulut pas tarder à se présenter avec moi au ministère des Relations extérieures dans la journée d'hier. Mais le duc de Bassano était allé de nouveau à Rambouillet, d'où il devrait être revenu dans la soirée si, comme je le crois, LL. MM. en sont parties pour leur voyage. Le ministre de l'Intérieur est à Caen à les attendre; mais les personnes de son ministère s'empressèrent de donner au ministre de V. A. I. le moyen d'apprécier les grands et précieux établissements qui dépendent du ministère de l'Intérieur et qui se trouvent dans cette immense capitale. Cette occupation jointe aux devoirs que l'on peut remplir avant d'avoir obtenu l'audience de S. M. I. abrégeront le temps qui s'écoulera jusqu'au retour de l'Empereur à Paris.

Le ministre de Westphalie ayant prévenu le roi, son maître, du voyage de la cour et du retard de la cérémonie, il est à présumer que S. M. retardera de quelques jours son arrivée à Paris. M. de Lepel, premier écuyer, et une partie de ses équipages sont déjà rue de Varennes, ancien hôtel de Castries[1], occupé autrefois par le maréchal Berthier et en dernier lieu par les ambassadeurs de Hollande[2].

L'on n'est pas encore bien sûr que l'état de santé de S. M. la reine des Deux-Siciles puisse lui permettre de se rendre à Paris. L'ouverture de la session du Corps législatif sera retardée de quelques jours. La cérémonie du 9 juin, dans la cathédrale, empêchera aussi que l'on fasse, le même jour, dans cette église, l'ouverture du Concile national. V. A. I. aura trouvé, dans le *Moniteur* d'hier, le rapport des derniers succès de l'armée aux ordres du général Baraguay d'Illiers en Catalogne. L'ordre et la discipline que cet officier général entretient partout où il commande lui ont valu l'avantage rare et inappréciable que le pays placé derrière ses troupes n'a pas remué. Il paraît que S. M. et ses ministres lui ont rendu pleine justice dans cette rencontre. J'ai eu la satisfaction d'apprendre par le duc de Feltre que mon fils a tâché de justifier la haute protection que vous avez daigné, Madame, lui accorder[3]. — Je viens de remettre à M. Rollier, pour le joindre à d'autres objets qu'il fait partir par le courrier d'aujourd'hui, le nouvel ouvrage de M*me* de Genlis, *De l'influence des femmes sur la littérature française*. Les réflexions préliminaires et l'article de M*me* Necker intéresseront, de préférence, l'esprit pénétrant de V. A. Le prince de Bénévent range les premières parmi les plus belles pages sorties de la plume de cette femme, auteur infatigable. Il se plaît à trouver dans le second le ridicule dont il a dans le temps accablé lui-même la pédantesque instruction de M*me* Necker. La princesse de Bénévent part incessamment pour les bains d'Évian en Savoie. Elle restera absente six semaines. A son retour, elle accompagnera le prince à une terre qu'il possède dans les Pays-Bas.

Je suis, avec respect...

---

1. Ci-devant hôtel du ministre de la Guerre, il appartenait à M*me* de Mailly et était loué au Gouvernement. Cet hôtel existe encore et a de l'extérieur assez grand air, bien que d'une architecture très simple. Il était situé alors au n° 24. Ne pas confondre avec l'hôtel de Castries, occupé par l'ambassadeur d'Espagne.

2. La députation de Hollande qui était venue offrir la couronne au roi Louis.

3. Maurice de Lucchésini, aide de camp du général Baraguay d'Illiers.

Le roi de Naples. — Son départ précipité pour retourner dans ses États à la veille de la cérémonie du baptême du roi de Rome a fait à Paris quelque sensation. On savait que le roi ne serait pas du voyage de Cherbourg, et l'on n'ignorait pas que la manière dont les beaux-frères de l'Empereur sont traités à la cour et la préférence que l'âge de la princesse Pauline fait établir du prince Camille sur le roi Joachim, n'étant considérés l'un et l'autre aux Tuileries que comme des princes français, avaient inspiré à S. M. le projet de s'en retourner dans ses États. Soit mécontentement, soit ennui, le roi n'avait l'air ni bien portant ni satisfait. Il passait beaucoup de temps soit à Saint-Cloud, soit à Rambouillet, mais ce n'était pas toujours avec l'Empereur. Lorsqu'il y était, la sévérité de l'étiquette lui faisait prendre le parti du prince Borghèse d'aller seul à la cour. Un premier bruit que la garnison napolitaine de Figueras avait eu quelque part à la trahison qui a livré cette place aux ennemis, quoique démenti dans la suite, quant à la complicité, avait donné de l'humeur aux deux augustes beaux-frères. Enfin lundi, le roi représenta à l'Empereur qu'allant rester à Paris sans rien faire pendant l'absence de LL. MM. II. et pouvant être de quelque utilité dans ses États, il demandait la permission d'y retourner. L'ayant obtenue, il retourna mardi au soir à Rambouillet, fit de suite ses apprêts de voyage et, de peur, disait-il, d'un contre-ordre, partit hier au soir 22 pour Naples (ce 23 mai 1811).

VI.

Paris, 24 mai 1811.

Madame,

LL. MM. II. et RR. ont été accompagnées dans leur voyage, indépendamment du grand maréchal du palais qui en a la direction et des personnes de leur service, par Mgr le grand-duc de Wurtzbourg, le vice-roi d'Italie, les ministres secrétaires d'État de l'Intérieur, de la Marine et des Relations extérieures.

S. M. le roi de Naples ayant désiré retourner dans ses États aura atteint Florence vingt-quatre heures avant l'arrivée de cette très soumise dépêche. Avant de partir, le roi a laissé peu d'espoir que S. M. la reine son épouse soit en état de se rendre à Paris pour la cérémonie du 9 juin. C'est du moins ce que S. A. Madame Mère me fit l'honneur de me dire hier lorsque j'allais lui faire ma cour avec M. Matteucci. Le départ inopiné du roi Joachim ne lui laissa pas le temps de le charger d'une lettre pour V. A. I., ainsi qu'elle l'aurait désiré. Le *Journal de l'Empire* annonça hier faussement l'arrivée à Paris de S. M. le roi de Westphalie. L'hôtel de Castries, que le gouvernement fait préparer pour le recevoir, sera prêt aujourd'hui.

M. de Lostanges[1], chambellan de l'Empereur, a été prévenu hier

---

1. M. de Lostanges-Beduer (*Almanach impérial* de 1810).

qu'il resterait de service auprès de S. M., et la lettre du grand chambellan supposait que ce monarque arriverait demain à Paris.

Le roi de Rome est à Saint-Cloud, très bien portant. On se flatte de voir revenir LL. MM. II. les derniers jours du mois ou les premiers de juin.

Des ingénieurs de la marine et des ponts et chaussées se trouvant à Cherbourg, il est probable que l'Empereur voudra se décider lui-même sur les lieux pour celui des deux projets de rétablissement et perfectionnement des ouvrages de ce port important, qui doivent avoir été formés à la suite des dégâts que la mer fit l'année passée dans les anciennes constructions. Au retour, LL. MM. passeront par Chartres et la ville aura l'honneur de présenter, d'après un ancien usage, une chemise à S. M. l'Impératrice.

Hier le sénateur comte Fontanes nous donna à dîner à sa belle campagne de Courbevoye. Un local heureusement choisi, la rivière aux pieds, des vues magnifiques, des arbres, des fleurs, une maison vaste et commode en font un séjour délicieux[1].

V. A. I. connaît le tendre et respectueux dévouement de M. et de Mme Fontanes pour son auguste personne et n'aura pas de peine à deviner les principaux sujets de nos entretiens. Ils m'ont chargé de mettre à ses pieds leurs humbles hommages. M. de Molé[2] qui y dînait me dit avoir donné des ordres pressants pour qu'on mît la main à la route de Pistoya, vers Lucques.

Je suis, avec respect, etc.

VII.

25 mai 1811.

Madame,

Je m'empresse d'annoncer à V. A. I. et R. l'arrivée à Paris de S. M. le roi de Westphalie depuis ce matin. Il est accompagné par M. le comte de Furstenstein[3] et par MM. de Malsbourg[4] et d'Hesberg[5]. Le comte de Lepel[6] l'y avait précédé. S. M. est servie par la maison de l'Empereur. Étant allé tout de suite après son arrivée voir LL. AA. II.

---

1. L'entrée de cette belle propriété, aujourd'hui morcelée depuis 1896, était à Courbevoie, 48, avenue Victor-Hugo. Le parc avait 48,000 mètres carrés et bordait la Seine. Des fenêtres de sa bibliothèque, couché sur sa chaise longue, un livre à la main, le grand maître apercevait tout le cours de la Seine avec le clocher de Saint-Denis à l'horizon.

2. Le comte Louis-Mathieu Molé (1788-1855), protégé de Fontanes, conseiller d'État, directeur général des ponts et chaussées depuis la fin de 1809.

3. Ministre secrétaire d'État et des Relations extérieures de Westphalie; né Lecamus.

4. Commandeur comte de Malsbourg, premier écuyer d'honneur.

5. Baron de Hesberg, major, commandant le 2e bataillon des fusiliers de la garde.

6. Général, conseiller d'État à vie.

Madame Mère et Mme la princesse Pauline, je ne pourrai lui faire ma cour qu'après le départ de cette très humble dépêche.

Je suis, avec respect, etc.

VIII.

27 mai 1811.

Madame,

Samedi passé, je présentai M. Matteucci à Mgr l'Archichancelier qui le reçut avec son affabilité ordinaire et lui rappela délicatement qu'ils avaient fait les mêmes études et parcouru autrefois la même carrière. Le matin il avait été chez le prince de Bénévent par qui il fut bien accueilli.

Un voyage de peu de jours à Grosbois du prince de Neuchâtel ne m'a pas permis de lui présenter ce ministre de V. A. I. Le duc de Bassano, qui n'a pas accompagné S. M. dans son voyage, mais qui dans l'absence de l'Empereur fait de petits séjours à la campagne, me dit hier chez S. M. le roi de Westphalie qu'il nous recevrait officiellement demain à l'hôtel des Relations extérieures. Il ajouta qu'il avait à nous parler de l'abolition du droit d'aubaine[1] par le gouvernement de Lucques. Je lui répondis que M. Matteucci, mon collègue, serait à même de le satisfaire.

Hier M. Marescalchi célébra par un grand repas la fête anniversaire du couronnement du roi d'Italie, auquel il voulut bien me faire prendre part[2]. Ce ministre nous a offert ses services et ses directions.

Mgr le grand-duc de Francfort[3] est attendu à Paris à la suite d'une invitation que S. A. a reçue du ministre des Relations extérieures. Son caractère épiscopal, ses lumières et la place qu'il tient dans la Confédération du Rhin l'appelaient à prendre part à l'importante réunion des évêques de l'Empire et du royaume d'Italie au Concile national.

Il n'échappe pas aux observateurs impartiaux cette circonstance remarquable que, d'un côté, l'Empereur, ne faisant aucun usage de sa puissance, laisse aux chefs du clergé de ses États le libre examen et l'expression franche de leurs droits et privilèges. Le Pape, de l'autre côté, sourd aux conseils de la prudence et ayant en vue de ranimer un pouvoir d'opinions que les progrès des lumières et le génie de Napo-

---

1. Ce droit exemptait les nouveaux Français des entraves mises par les gouvernements précédents au droit d'acquérir par succession en dehors de leur territoire. Il avait été aboli par décret du 6 avril 1811.

2. Le comte Marescalchi, ci-devant ministre résidant près de Napoléon de la République italienne, puis du royaume d'Italie, avait pour maison officielle l'hôtel sis au coin de la rue d'Angoulême (La Boétie actuelle) et des Champs-Élysées. C'est l'hôtel aujourd'hui appartenant à la famille du duc de Massa. Il avait été loué et restauré aux frais de l'État italien dès 1802.

3. Charles de Dalberg, allié de Napoléon.

léon ont irrévocablement anéanti, compromet par une obstination inutile tous les avantages que le Concordat avait assurés aux successeurs de saint Pierre. Voilà, Madame, le sentiment unanime de tous les spectateurs de la réunion du Concile, croyants ou philosophes, étrangers ou nationaux.

S. M. le roi de Westphalie est allé hier à Mortefontaine faire une visite à son auguste frère, le roi Joseph. Il comptait revenir dans la nuit, et m'a ordonné d'être chez lui ce matin à dix heures.

On a de bonnes nouvelles du voyage de LL. MM. II. Toute la Normandie fait éclater sur leur passage une joie et une confiance dans les vues bienfaisantes du gouvernement, qui sont remarquables même pour ceux qui sont habitués à voir LL. MM. parfaitement accueillies partout où elles passent. L'Empereur est infatigable et lasse les plus jeunes que lui. Le comte de Brahe[1] est venu de la part du roi et du prince royal de Suède féliciter LL. MM. II. sur la naissance du roi de Rome. D'après les ordres de V. A. I., que m'a communiqués M. l'Intendant général, je tâcherai de réunir le plus de notions qu'il me sera possible sur la maison des pages de S. M. l'Empereur.

Je suis, avec respect, Madame, etc.

IX.

29 mai 1811.

Madame,

V. A. I. et R. verra, par la dépêche de M. Matteucci, que S. E. M. le duc de Bassano, nous accueillant hier avec une extrême politesse, nous fit espérer que le retour de LL. MM. II., ayant bientôt lieu, nous pourrions nous acquitter de demain en huit de l'honorable commission dont nous sommes chargés. LL. MM. partirent hier de Caen pour Cherbourg. Après nos premières audiences, nous nous procurerons l'honneur de faire notre cour à LL. MM. le roi et la reine d'Espagne qui sont à Mortefontaine et à S. M. la reine Hortense qui soigne à à Saint-Leu une santé dont les médecins sont peu contents. S. M. l'impératrice Joséphine s'y est arrêtée pendant plusieurs jours et devait retourner aujourd'hui à la Malmaison.

Le prince de Neuchâtel est passé à Chambord[2]. Le prochain retour de la cour le ramènera à Paris et me procurera l'honneur de le voir et de lui présenter mon collègue. On ne connaît pas encore le jour de l'ouverture du Corps législatif que le voyage de S. M. l'Empereur retardera de quelques jours. — Tous les députés de la Toscane qui sont attendus arrivent. — M. Delci[3] a passé le premier. Les évêques et les

---

1. Son Excellence fut reçue à l'audience impériale du 9 juin 1811 aux Tuileries, avant la messe.
2. Chambord, don de Napoléon, appartenait alors à Berthier.
3. Baron Orso Maria d'Elci, chambellan de S. A. I. la grande-duchesse.

membres des députations des Bonnes Villes se succèdent et remplissent les hôtels garnis et les salons de réception des grands dignitaires et des ministres. — Les bourgeois de Paris et les marchands en profitent et l'impression est généralement que l'époque actuelle ne leur sera guère moins favorable que celle du mariage.

Le prince d'Essling[1], ayant beaucoup souffert dans la campagne d'Espagne et de Portugal, a besoin de venir rétablir sa santé et l'on croit qu'ayant remis le commandement de son armée le 14 du courant, il pourra être bientôt rendu ici. — Les grands préparatifs de la défense que la présence de Napoléon a ordonnés et provoqués sur toutes les côtes de la Baltique feront avorter les projets de débarquement que l'on appréhendait de la part des Anglais pour favoriser l'entrée des marchandises de leurs fabriques ou des denrées coloniales sur le continent.

M. de Ségur est très souffrant depuis quelques jours au point de douter s'il pourra exercer les fonctions de sa place à la cérémonie du baptême : il désire d'être mis aux pieds de V. A. I. et R., ainsi que l'abbé Morellet. Nous allons demain diner à Arcueil chez M. de La Place avec M. l'Archichancelier qui me chargea encore hier de ses hommages respectueux pour V. A.

Je suis, avec respect, etc.

X.

1er juin 1811[2].

Madame,

Je reçus avant-hier les ordres de V. A. I. du 23 mars; je remis le soir du même jour à S. M. le roi de Westphalie la lettre qu'elle a daigné me transmettre pour ce monarque. Son contenu l'a déterminé à faire de suite par courrier la démarche qu'il aurait faite sans cela au retour de S. M. I. Le roi m'a fait l'honneur de me dire que dans trois ou quatre jours il comptait pouvoir répondre pertinemment à la lettre de V. A. R. Peut-être enverra-t-il alors un courrier à Florence dont je profiterai pour l'envoi d'une petite cassette de commissions de toilette qui s'apprêtent dans ces jours-ci.

Je suis désolé d'apprendre la continuation des souffrances de V. A. et je crains que la saignée nécessaire pour calmer les étourdissements n'ait agacé les nerfs et prolongé le malaise dont elle est accablée. — Les distractions qu'un voyage nécessite sont envisagées par M. Hallé[3] comme le remède le plus efficace dans la situation où va se trouver V. A. I. S'il pouvait avoir lieu et que Paris en fût le but, elle trouverait les sentiments d'admiration et de dévouement qu'elle inspire à

1. Masséna.
2. Écrite en réalité le 31 mai. Voir la lettre suivante.
3. Un des médecins de Napoléon, venu en 1806 à Lucques accoucher la princesse Élisa et resté depuis son docteur consultant.

tous ceux qui ont le bonheur de l'approcher associés au plus vif intérêt pour la cause de ces souffrances. Je suis du moins heureux de pouvoir donner des nouvelles consolantes de la santé de S. A. I. Mme Napoléon, qui a laissé ici tant et de si agréables souvenirs et par sa beauté et par le développement admirable de ses facultés physiques et morales et dont tant de personnes m'entretiennent sans cesse. Elle est un brillant accessoire du tableau de Gérard que tous les connaisseurs ont envisagé comme le chef-d'œuvre des productions que ce peintre a fait paraître à la dernière exposition. — Cet ouvrage étalé dans le nouvel et magnifique atelier que Gérard a fait construire dans la rue Napoléon[1] reporte sur V. A. le souvenir de ceux qui vont pour l'admirer.

Je crois qu'il est permis de regretter que ce qui a manqué à Mme Écuin (?) pour finir l'éducation de Madame était plus indispensable dans le moment présent que ce dont cette dame est sans contredit abondamment fournie. — Arrivée à la cour cinq ans plus tard avec son expérience et son instruction, elle aurait parfaitement répondu à l'attente qu'avait fait naître d'elle ceux qui la proposèrent à V. A. I.

J'irai demain à l'Arsenal entretenir Mme de Genlis d'un choix d'une personne qui puisse être digne d'entreprendre l'éducation de cette intéressante princesse[2]; j'en parlerai aussi au prince de Bénévent et au comte de Fontanes, mais je tâcherai surtout d'éviter le défaut ordinaire de chercher des places aux personnes pour qui l'on s'intéresse plutôt que des individus propres aux places qu'il s'agit de remplir.

Depuis quelques jours l'on parle d'un brillant avantage remporté par le prince d'Essling contre les Anglais qui avaient osé songer à l'entourer. — Le *Moniteur* en parlera sans doute au retour du rapport envoyé, à ce que je suppose, à S. M. l'Empereur. On dit que le prince de Neuchâtel est parti pour l'Espagne avant-hier. On attend mardi LL. MM. II. à Rambouillet, Trianon et Saint-Cloud.

Un appel de l'accoucheur Dubois a fait naître l'espoir d'une nouvelle grossesse de S. M. l'Impératrice.

Je suis, avec respect, Madame, etc.

XI.

2 juin 1811.

Madame,

C'est par erreur que j'ai mis ma très humble dépêche d'avant-hier sous la date du 1er juin. Ce même jour je fus à l'Arsenal trouver Mme de Genlis et causer avec elle du juste sujet des sollicitudes de V. A. I. Elle partage entièrement vos opinions, Madame, sur l'inconvenance et les dangers d'une instruction trop précoce dans une princesse de l'âge de Mme Napoléon. Elle croit qu'il faudrait plus s'occuper

1. La rue de la Paix actuelle, percée en 1806.
2. La princesse Napoléone ou Napoléon.

de son caractère que de son esprit, puisqu'on peut à tout âge commencer à être vrai et bon et que les défauts contraires ne sauraient être assez tôt combattus, parce qu'ils le sont avec plus de succès que lorsque l'habitude nous les a rendus naturels. M#me# de Genlis pense, avec bien des personnes, que si d'autres soins ne prenaient beaucoup du temps de V. A. I. personne ne serait plus propre qu'elle, malgré les trahisons du cœur maternel, à diriger l'éducation de Madame sa fille. J'ai obtenu l'engagement qu'en songeant à proposer des gouvernantes pour la princesse Napoléon, M#me# de Genlis ne consulterait que son esprit et l'habitude d'élever des enfants. On n'a pas encore pu découvrir les cahiers d'écriture d'après la méthode de Pestalozzi, qui m'avaient été demandés. Le comte de Fontanes m'a promis de m'aider dans cette recherche. Il m'a chargé de le mettre aux pieds de V. A. I.

Les trois prélats envoyés à Parme, chez le Pape, sont retournés depuis quelques jours de leur mission. L'on dit assez généralement qu'elle n'a point été inutile pour l'heureuse issue des opérations du Concile national. Le public ne connaît pas encore le jour de l'ouverture de cette assemblée d'évêques. Le *Moniteur* d'hier fixa, d'une manière invariable, les opinions des Parisiens sur celui de la cérémonie du baptême du roi de Rome. On s'attend d'un instant à l'autre à recevoir la nouvelle du retour de LL. MM. II. et RR. Celui du prince de Neuchâtel de Chambord a démenti le bruit populaire de son départ pour l'Espagne.

L'on a repris les représentations de la tragédie des *Templiers*. Le jeu de Saint-Prix et de Talma fait toujours grand plaisir, mais les défauts de la pièce ont paru à travers l'illusion de l'excellent débit des deux acteurs principaux et la représentation a été froidement accueillie. Il n'en a pas été de même des pièces de Corneille et de Racine dans lesquelles M#lle# Raucourt et Talma paraissent depuis quinze jours et qui attirent au Théâtre français une foule dont on ne se fait point d'idée. Hier, à *Britannicus*, plus d'un quart des curieux a dû être renvoyé faute de places. LL. MM. les rois d'Espagne et de Westphalie honorent souvent ce théâtre de leur présence.

Le jeune Giorgini [1] a répondu parfaitement à l'attente que ses talents nous faisaient concevoir à l'entrée à l'École polytechnique; il avoue cependant lui-même que ses anciens maîtres n'avaient aucune idée des connaissances étendues qu'il faut posséder pour y être admis. Le comte de Fontanes m'a dit que ce jeune homme pourra soutenir l'épreuve des examens avec l'espoir d'en sortir heureusement, mais que, s'il attendait encore un an, il entrerait à l'École polytechnique de plein droit.

Je suis, avec respect, etc.

---

1. Fils d'un préfet de la Principauté qui devint conseiller d'État. — Il avait

XII.

4 juin 1811.

Madame,

Les deux notes que les ordres de V. A. I. et R. me firent adresser les 25 et 27 mai en réponse à mes dépêches des 18 et 20 du même mois m'ont été rendues ici ensemble avant-hier. Je me suis fait un devoir de m'occuper immédiatement des ordres qui y étaient spécifiés. J'ai vu le chevalier Anglès et lui ai remis copie de la note qui concerne Mme de Cavaignac[1] sur laquelle il s'empressa de prendre les plus exactes et les plus minutieuses observations.

J'ai trouvé M. Biot[2] à l'Institut et j'ai appris par lui la demeure de cette dame à Paris et ses liaisons avec Mme Montalivet et le sieur Andrieux[3]. Je me propose de parler aujourd'hui à M. Benoist[4] pour l'engager à puiser dans ses entretiens avec Mme de Montalivet des notions détaillées sur le caractère de Mme de Cavaignac et les qualités propres à l'emploi qu'elle avait sollicité l'année passée. Je le prierai de se mettre en garde contre les préventions de l'amitié de la protectrice.

M. Andrieux pourra me donner la mesure de ses talents et j'insisterai pour que ce qu'il me dira soit historique et non pas un de ces jolis contes de sa façon. Enfin je ne négligerai rien, Madame, pour remplir de mon mieux les ordres que V. A. I. a daigné me donner à cet égard.

J'ai cherché le peintre Gérard qui n'attendait que la décision de V. A. pour achever le tableau qu'elle désire recevoir sans délai à Florence. Ce peintre a refait la figure du portrait de S. M. le roi de Westphalie, après deux séances que le roi lui a accordées. La ressemblance qui y manquait tout à fait est aujourd'hui frappante. J'ai fait part tant à S. M. qu'à S. A. I. Madame Mère de l'Empereur et Roi, ainsi qu'aux personnes qui s'enquièrent tous les jours de l'état de la santé de V. A. I., des nouvelles peu satisfaisantes que j'en reçois à mon grand regret.

Le roi n'attend que l'arrivée de S. M. l'Empereur pour répondre aux lettres de V. A. I. Tout le service était depuis hier à midi à Saint-Cloud pour attendre LL. MM. qui, de Chartres, devaient être rendues dans le courant de la journée.

été envoyé à Paris pour étudier. Il deviendra par la suite un des ingénieurs principaux de Lucques.

1. Ce n'est pas l'auteur des *Mémoires d'une inconnue;* elle appartient à une autre branche de cette famille.

2. Biot (Jean-Baptiste), né à Paris en 1774, mort en 1862, célèbre astronome, auteur de nombreux mémoires et d'un *Traité de physique expérimentale*.

3. Andrieux (Jean-Stanislas), 1759-1833, de l'Académie française.

4. Benoist, chef de la 1re division au ministère de l'Intérieur, celle de l'administration départementale, très connu à l'époque et très apprécié par Élisa, qui l'avait demandé à son frère pour en faire son secrétaire général à Florence.

Dans le cas que le roi de Westphalie se décide à envoyer un courrier, je lui remettrai un petit paquet que l'on m'a confié pour V. A. Si S. M. veut se servir de l'estafette, M. Rollier fera partir le paquet par le courrier.

Paris se remplit d'étrangers.

Les assemblées chez les ministres des Cultes et de la Police générale étaient hier au soir très nombreuses et brillantes par le nouveau costume des hommes. On y voit quelques uniformes : celui de M. Garzoni[1] n'y manque jamais.

Depuis que je suis ici Mme Fauchet[2] semble préférer la société intime de ses anciennes connaissances à la gêne des grands cercles où toutefois elle se prépare à reparaître à l'occasion des fêtes et avant de s'en retourner à Florence. Elle s'est donné beaucoup de mouvement et de peine pour procurer à Monsieur son père une place dans l'administration des tabacs, sans qu'elle ait pu y réussir. Le *Moniteur* d'aujourd'hui fixe l'arrivée de LL. MM. II. à Saint-Cloud à l'heure de midi.

J'apprendrai ce soir par M. le duc de Bassano quand nous pourrons espérer avoir l'honneur de remplir auprès de LL. MM. la commission dont M. Matteucci et moi nous sommes chargés.

Je suis, avec respect, etc.

XIII.

6 juin 1811.

Madame,

La note n° 4 du 29 mai m'est parvenue ici hier dans l'après-midi. Je vais m'occuper des petites commissions qui y sont indiquées. V. A. I. a appris par le *Moniteur* d'hier l'arrivée de LL. MM. II. et RR. à Saint-Cloud. L'Empereur tint hier son lever. S. M. y parut bien portante et aussi satisfaite de son voyage que tous les habitants des provinces qu'il a parcourues l'ont été de l'approcher et de participer à ses bienfaits.

Mardi au soir, m'étant présenté au cercle de S. E. le duc de Bassano, ce ministre des Relations extérieures me dit qu'il ne croyait pas que S. M. pourrait recevoir le jeudi 6 (aujourd'hui) les députations qui ont demandé à lui être présentées. Il m'a promis de me faire connaître le moment où notre juste impatience de remplir notre mission pourra être satisfaite. Les premiers jours après son retour sont tous occupés par différents conseils auxquels l'Empereur préside lui-même. En attendant, M. Matteucci ayant été informé des dispositions que M. le duc de Bassano m'avait témoignées de finir l'affaire de l'abolition du droit d'aubaine entre les États de S. A. I. et R. et l'Empire français, aussi bien qu'avec le royaume d'Italie, il a adressé au ministre des Relations extérieures un mémoire à ce sujet. Il est à espérer que ce qui avait

---

1. Le comte Garzoni Venturi, sénateur, ex-chambellan de la reine d'Étrurie.
2. Femme du préfet du département de l'Arno.

déjà été arrêté entre M. le duc de Cadore et M. Cénami servira de base à l'arrangement également désiré par toutes les parties.

Mgr le duc de Francfort, ancien Primat de la Confédération du Rhin, s'est rendu à l'invitation de S. A. I.; il est logé au palais du prince architrésorier qu'habitait cette année le roi des Deux-Siciles. Il est servi par la Maison de l'Empereur. La santé de ce prince n'est pas des meilleures. — Cependant ses talents et son esprit de conciliation rendront sa présence utile aux affaires qui ont amené à Paris tous les pasteurs de l'Église de l'Empire français et du royaume d'Italie.

Je suis les informations à prendre sur le compte de Mme de Cavaignac et, là où je ne saurais parvenir moi-même pour en puiser de bien sûrs, je signale au chevalier Anglès[1] les personnes qui la connaissent et peuvent la juger sans préventions. Ce que j'en ai appris par une personne qui met beaucoup d'empressement à entrer dans les vues de V. A. I. pour un choix si délicat et si important à la fois devrait me faire croire : 1° qu'elle a l'âge, la santé et la figure convenable à la place qu'elle sollicita elle-même l'année passée auprès de V. A. I.; 2° qu'elle a la réputation d'une femme de mœurs douces et d'un caractère liant et que sa conduite dans le monde et envers son mari n'a jusqu'ici jamais donné prise à la médisance ; 3° qu'elle sait très bien l'anglais, possède une orthographe irréprochable dans sa langue, qu'elle écrit facilement et a plus d'instruction qu'il n'en faut pour présider utilement aux leçons de son élève. Elle a une fille de seize ans dont l'éducation, me dit-on, fait honneur à son esprit et à son cœur. Elle doit avoir mis son fils en état d'entrer à un lycée sans autre instruction que celle qu'il avait puisée dans les leçons de sa mère. Cependant, il faudra confirmer et ratifier ces notions qui viennent toutes d'une seule personne. C'est de quoi je rendrai compte à mesure que j'obtiendrai d'autres renseignements.

Je suis, avec respect, etc.

XIV.

8 juin 1811.

Madame,

De toutes les députations arrivées à Paris depuis le départ de la cour pour Rambouillet, il n'y eut que celle du royaume d'Italie qui fut présentée à S. M. I. et R. jeudi passé à Saint-Cloud. Ayant été hier chez le duc de Bassano à l'hôtel des Relations extérieures, ce ministre nous fit espérer à M. Matteucci et à moi que nous aurions l'honneur de nous présenter demain à l'Empereur au palais des Tuileries par les soins de M. le grand chambellan de la même manière que toutes les personnes envoyées à la cour avec des missions pareilles, à celle que nos souve-

---

1. Le comte Anglès, maître des requêtes du 15 novembre 1809, chargé peu après de la correspondance du troisième arrondissement de la police générale.

rains ont daigné nous confier. Nous espérons de pouvoir en même temps nous mettre aux pieds de S. M. l'Impératrice.

D'après une étiquette dont M. le duc de Bassano nous a fait connaître l'existence, nous ne remettrons pas directement à S. M. l'Impératrice-reine la lettre dont nous étions munis pour cette souveraine. C'est le ministre des Relations extérieures qui les reçoit et les transmet à la dame d'honneur chargée de les présenter à l'Impératrice.

Dans l'entretien que nous eûmes hier avec ce ministre, M. Matteucci put emporter la certitude qu'un décret de S. M. l'Empereur, rappelant une déclaration faite par M. Cénami en décembre 1810, allait fixer d'une manière légale et diplomatique l'abolition absolue du droit d'aubaine entre la principauté de Lucques et les États de la France et du royaume d'Italie. Il ajoute que pour que tout fût entièrement fini entre les deux gouvernements il n'y avait qu'un règlement pour la poste aux lettres, que le directeur général réclamait, et pour lequel M. de La Valette serait incessamment nommé par S. M. I. commissaire pour en traiter ici avec la personne que V. A. I. aura munie de ses pouvoirs. M. Matteucci étant ici, il pourra finir promptement encore cette dernière affaire.

Le *Moniteur* d'aujourd'hui donne le détail des dispositions pour les cérémonies et les fêtes de la journée de demain.

On avait dit qu'il y aurait ce soir la représentation de l'opéra italien *la Didone*, mis nouvellement en musique par Paër pour le théâtre des Tuileries; mais j'apprends qu'elle est renvoyée à un autre jour.

Hier on donnait le *Triomphe de Trajan* à l'Opéra[1]. Toute la salle était remplie d'étrangers dont le nombre s'est extrêmement accru depuis deux jours. L'espoir de voir LL. MM. mardi au théâtre de l'Opéra pour la reprise d'*Armide* a fait retenir toutes les loges et les places que l'on peut garder à l'avance.

M. l'archevêque de Florence[2] est ici depuis le 5; il y trouve beaucoup d'amis et il les entretient tous de son admiration pour V. A. I. de sa reconnaissance pour la manière dont elle a daigné l'accueillir et le traiter et de l'influence que cela doit avoir sur l'esprit public en sa faveur.

Daignez croire, Madame, qu'une des plus grandes jouissances de mon séjour actuel à Paris c'est d'être témoin de la justice que les grands et les ministres y rendent aux talents et à l'administration

---

1. L'Opéra sous l'Empire était situé rue de la Loi ou Richelieu sur l'emplacement de la place Louvois actuelle. La salle avait été commencée en 1793 et était très bien décorée. Elle fut démolie sous la Restauration après l'attentat de Louvel.

2. Mgr A.-E. d'Osmond, ex-évêque de Nancy, comte de l'Empire, commandeur de l'ordre de la Réunion, qui venait d'être nommé archevêque de Florence le 22 octobre 1810. — Voir notre étude: *l'Institution canonique et Napoléon I*er*, l'archevêque d'Osmond à Florence*, in-8°, 1904; extrait de la *Revue historique*, t. LXXXVI, p. 58.

virile (ce sont des hommes qui parlent) de V. A. I. et R. en Toscane et dans ses principautés. Le duc de Bassano lui rendit encore hier un pareil hommage.

M. Daru arrive ce soir à Paris. Je vais lui donner la lettre que V. A. I. lui avait adressée et lui parlerai de M. Benoist.

Je suis, avec respect, etc.

XV.

10 juin 1811.

Madame,

Les notes qui m'ont été adressées de Florence le 31 mai et le 1er et 2 juin me parviennent ici, en même temps, le 8 de ce mois. Comme, soit erreur soit négligence, le bureau des postes de Florence n'en est point la cause, j'ai porté le fait à la connaissance de M. le comte de La Valette.

S. M. le roi de Westphalie a reçu la lettre que V. A. I. m'avait envoyée pour lui être remise. Je demanderai à avoir l'honneur de lui parler aujourd'hui pour obtenir la permission de sortir de l'atelier de Gérard les beaux portraits de S. M. la reine faits par cet artiste et dont V. A. désire faire tirer la copie du buste. Je lui demanderai en même temps les deux autres portraits par Laurent[1]. Le roi était hier dans son costume de prince français, en allant à l'église de Notre-Dame, ce qui lui va à merveille.

Le temps a favorisé l'éclat et les réjouissances de ce jour. Plusieurs heures de forte pluie, dans la nuit, faisaient craindre une journée humide. Le plus beau soleil a éclairé cette vaste cité et favorisé les apprêts des cérémonies et des amusements publics. Le cortège, parti du jardin des Tuileries et se déployant tout entier dans la place et la rue de la Concorde[2] et le commencement du boulevard de la Madeleine, au milieu d'un peuple immense, précédé et suivi de forts détachements de cavalerie de lanciers hollandais et polonais, des chasseurs, dragons et grenadiers à cheval de la garde impériale, faisait un effet imposant.

Le roi de Rome était dans une voiture à couronne royale attelée de huit chevaux blancs. Il était accueilli de nombreux applaudissements. Huit chevaux de couleur isabelle des haras de Hanovre étaient attelés au carrosse de LL. MM. II. Le duc de Vicence, qui a repris ses fonctions auprès de S. M., était à cheval à la portière du carrosse en habit d'uniforme de grand écuyer : coupe française, chapeau à plumet à trois pointes, bottes de cuir noir à l'écuyère et écharpe blanche. Tous les écuyers qui étaient de service hier avaient le même costume. Tout le reste du service et du cortège avait le costume espagnol. Quelques

---

1. Laurent (Jean-Antoine), 1763-1832. Il exposa au Salon de 1810 les portraits en pied du roi et de la reine de Westphalie.
2. Aujourd'hui la rue Royale.

chambellans ont pris sous le manteau l'habit à la Henri IV. Le plus grand nombre porte le grand uniforme à la française dont on ne peut d'ailleurs pas se passer, lorsqu'on n'est pas en manteau, pour les grandes cérémonies.

Le trajet des Tuileries à la cathédrale a pris plus d'une heure : la cérémonie a été courte. LL. MM. n'ont pas fort prolongé leur séjour à l'hôtel de ville. A leur retour aux Tuileries, un beau feu d'artifice tiré sur la place de la Concorde a fait la clôture de cette journée mémorable que les distributions de comestibles, les danses, les jeux et les spectacles publics aux Champs-Élysées avaient rendue très agréable au peuple de Paris.

La prévoyance de la police s'est encore distinguée : ce sont des leçons d'instruction pour un administrateur. Elles ont frappé d'admiration M. Matteucci.

On dit que S. M. le roi d'Espagne, après avoir rempli le but principal de son voyage, se prépare à partir pour Madrid. Madame se porte bien. Elle était hier dans le même carrosse avec S. M. la reine Hortense et S. A. I. Mme la princesse Pauline. Le grand-duc de Wurtzbourg accompagnait la reine d'Espagne.

La représentation d'*Armide* à l'Opéra étant annoncée mercredi prochain, par extraordinaire, on se flatte d'y voir LL. MM. II.

Je suis, avec respect, etc.

XVI.

12 juin 1811.

Madame,

J'ai reçu les notes 8 et 9 que les ordres de V. A. I. et R. m'ont fait adresser. Je croyais que la gance de chapeau destinée pour Mgr[1] et que le bijoutier me dit être prête à mon arrivée ici n'aurait pas tardé si longtemps à lui parvenir. J'en ai écrit à Mme de La Place[2], à Arcueil, où elle se tient continuellement.

S. M. le roi de Westphalie m'a ordonné d'écrire à V. A. I. qu'étant en ce moment extrêmement occupé ici, il se réserve de répondre aux lettres de V. A. au moment de son départ de Paris, qui paraît fixé pour la fin de la semaine prochaine. Ce monarque m'a cependant chargé de vous dire, Madame, qu'ayant entretenu S. M. l'Empereur du projet et du besoin d'un voyage de V. A. I. à Paris, son auguste frère lui avait répondu que, si ce voyage avait pu s'effectuer un mois plus tôt que l'époque actuelle, S. M. I. n'y aurait pas refusé son agrément; mais que, dans le moment présent où toute la famille impériale va quitter Paris, S. M. ne croyait pas devoir engager V. A. à quitter la Toscane.

1. Le prince Félix, son mari.
2. Femme du président du Sénat, dame d'honneur d'Élisa, avec résidence à Paris. Laplace, son époux, était l'illustre auteur de la *Mécanique céleste*.

En effet, j'apprends que le roi d'Espagne est sur le point de reprendre le chemin de Madrid. Le prince vice-roi ne tardera guère à retourner à Milan. S. A. I. la princesse Pauline part dans le courant de cette semaine pour les eaux d'Aix-la-Chapelle, la reine Hortense pour les bains du Midi.

Voilà, Madame, ce qui m'a été enjoint de mander à V. A. I. sur un objet étranger aux ordres qu'elle avait daigné me donner à mon départ pour Paris. S. M. le roi de Westphalie fera exécuter les deux portraits par Laurent, quoiqu'on trouve son travail peu digne d'être reproduit. Je lui ai demandé aussi la permission de faire copier en buste celui de la reine son épouse, qui a été peint par Gérard.

Voici, Madame, d'amples et exacts renseignements sur le compte de Mme de Cavagnac. M. Anglès les a recueillis avec beaucoup de soins et de sagacité. J'en ai pris à mon tour chez la femme d'un questeur du Corps législatif, qui la voit beaucoup et qui rend justice à la sagesse de sa conduite et à la douceur de son caractère. Mme de Genlis ne la connaît pas; elle cherche de son côté un sujet qui fût un peu de sa création. Il me reste à parler à M. Andrieux, qui était à la campagne, et à M. de Fontanes des connaissances de Mme de Fontanes pour remplir exactement les ordres de V. A. I. à ce sujet.

Je vais exécuter ceux que j'avais reçus à l'égard de la pagerie impériale. M. le duc de Vicence m'en donnera toutes les facilités, et j'ai pris jour avec son frère, gouverneur des pages, pour passer une matinée à Saint-Cloud, dans la maison même, et recueillir tous les renseignements que V. A. pourra désirer là-dessus [1].

Je suis, avec respect, etc.

XVII.

Notes (état des négociations avec l'Angleterre). — L'opinion des hommes les mieux informés est qu'il existe toujours et qu'il se renouvelle souvent des négociations directes ou indirectes entre la France et l'Angleterre. Le cabinet britannique, surtout après l'établissement du Régent, fait parvenir à chaque instant des paroles de paix à celui

---

1. C'était une grande maison sise dans ce bourg, rue des Ursulines, non loin du palais. Le 2 frimaire XIII (23 novembre 1804), sur les ordres de Napoléon, l'intendant général l'avait achetée par-devant Raguideau, notaire à Paris, au prix de 46,000 francs. Livrée immédiatement à l'architecte Fontaine, elle fut affectée aux pages et subit une restauration avec améliorations qui, de la fin de 1804 au 7 janvier 1806, date où les comptes furent réglés et apurés, se monta à 101,478 fr. 96 (Arch. nat., O^2 1124).

Aujourd'hui (1919), il ne reste d'apparent à Saint-Cloud, rue d'Orléans, n°s 3 et 7 (autrefois rue des Ursulines en souvenir de l'emplacement d'un ancien couvent de cet ordre), que l'hôtel du gouverneur des pages. Cet hôtel fut entouré d'une cour et de communs. Il n'en subsiste que quelques vestiges un peu effacés par de récentes constructions, notamment par le bâtiment que feu M. Cochery, ministre des Finances, a fait construire pour abriter le Grand Livre, retiré mais laissé à proximité de Paris, depuis vingt-cinq ans environ.

de Saint-Cloud. Soit que les Anglais se proposent de bonne foi d'essayer d'y parvenir ou que par le refus de la France ils cherchent à entretenir la nation dans la pensée que l'ennemi veut lui imposer des conditions destructives de sa prospérité, il est hors de doute que l'Angleterre en propose à la France d'assez modérées. Voici à quoi se réduisent ces dernières, dont il paraît que le roi d'Espagne avait eu connaissance avant d'arriver à Paris : conserver Malte, le cap de Bonne-Espérance et l'île de France; reconnaître le roi Joseph comme monarque d'Espagne dans le continent de l'Europe; garder Lisbonne pour la sûreté de l'Angleterre en la rendant au prince du Brésil; obtenir la restitution du pays de Hanovre à la maison royale d'Angleterre, ce que le Régent demande, dit-on, très fermement; assigner à la maison d'Orange un établissement convenable, soit en Hollande, soit ailleurs en Europe; faire céder la Sicile au roi Joachim et chercher dans l'Amérique des dommagements pour la maison du roi Ferdinand; laisser l'Italie et le reste de l'Allemagne telles qu'elles sont : c'est à peu près sur quoi les Anglais proposent à la France de traiter.

L'empereur Napoléon soutient que son honneur ne lui permet plus de renoncer à la conquête du Portugal. Ce seul point refusé arrête la négociation et ne permet pas même que l'on entame la discussion du reste. Il est remarquable qu'au sujet des États de Hanovre le prince de Galles ait dit qu'il comptait assez sur la loyauté de sa nation pour croire qu'elle ne le forcerait jamais à renoncer pour la paix à l'héritage de ses ancêtres.

Il faut donc s'attendre à voir faire aux deux puissances ennemies de nouveaux efforts, l'une pour conserver, l'autre pour conquérir le Portugal. Ni les échecs essuyés, ni les obstacles toujours renaissants, ni l'opinion du maréchal Masséna n'en ont assez imposé à l'Empereur pour qu'il ne s'occupe dans ce moment ci presque exclusivement de cette entreprise hasardeuse.

A cet effet, les discussions avec la Russie étant ajournées et gardant entre Polonais, Saxons, Westphaliens, Bavarois et Français 300,000 hommes disponibles vers le Nord pour tous les cas, l'Empereur portera par l'Espagne vers le Portugal autant de forces qu'on pourra y entretenir.

On croit que la mésintelligence qui ne cesse de régner entre les commandants des différents corps d'armée et qui ne seraient pas même réprimés par la présence du prince de Neuchâtel obligera l'Empereur à s'approcher du théâtre de la guerre, et, lorsque tous les apports rendront possible la reprise de l'offensive contre les Anglais et la marche vers le Portugal, l'on pense que S. M. I. ira elle-même forcer l'ennemi à un de ces combats décisifs par lesquels elle a toujours fini ses guerres avec les succès les plus inespérés. — C'est après celui de la paix le vœu de tous ceux qui aiment la gloire de l'Empereur et le bien de son empire.

Anecdotes. — Pendant le dernier séjour du roi de Naples à Paris, l'Empereur exigea qu'il fît les fonctions de grand amiral en présentant à S. M. I. les officiers généraux de la marine qui étaient appelés auprès de l'Empereur et qui devaient prêter de nouveaux serments entre ses mains. — Le roi Joachim se prêta quoiqu'à son corps défendant à ce service peu assorti à la dignité royale.

C'est peut-être une des causes sans nombre qui l'engagèrent à quitter Paris avant les cérémonies du 9 juin. — On aurait voulu exiger un pareil service du roi d'Espagne, grand électeur de l'Empire, et l'on prétendait qu'en cette qualité il présentât à S. M. I. toutes les députations nationales, soit des Bonnes Villes, soit de quelques départements, que la naissance et le baptême du roi de Rome ont amenées à Paris. Mais le roi Joseph a déclaré que, tant qu'il aurait la couronne d'Espagne sur la tête, il croirait s'avilir en exerçant une charge si au-dessous de la dignité royale. Les débats doivent avoir été vifs et longs, mais le roi n'a point cédé, et les députations ont été présentées par le ministre de l'Intérieur.

La cérémonie du baptême a été sujet ou motif de querelles et de mécontentements dans la famille impériale. Premièrement, ce n'est pas sans une opposition décidée des rois d'Espagne et de Westphalie au passe droit qu'on voulait faire à Madame Mère, qu'après de fortes discussions avec le grand maître des cérémonies, elle a fait les fonctions de première marraine.

2° A l'entrée de la porte de la cathédrale, le grand maréchal du palais avertit la reine Hortense qu'elle devait représenter la reine des Deux-Siciles absente, et par sa procuration envoyée en blanc comme deuxième marraine du roi de Rome. Elle eut beau relever que, placée toujours et partout avant la reine Caroline, il était contre sa dignité de la suppléer, l'ordre de l'Empereur était positif ; il fallait y obéir en pleurs et la rage dans le cœur.

3° A la cérémonie du mariage, il n'y eut que deux fauteuils pour LL. MM. II. et des tabourets pour tout le reste de la famille impériale. Une pareille étiquette avait été observée aux relevailles de l'Impératrice. LL. MM. les rois Joseph et Jérôme la trouvant au-dessous de leur dignité déclarèrent au comte de Ségur que, s'ils ne trouvaient point de chaises pour s'asseoir à la tribune de la cathédrale au moment où l'Empereur s'asseyrait, LL. MM. sortiraient de l'église. Le grand maître des cérémonies fut chargé de le dire à l'Empereur. Le souverain autorisa le comte de Ségur à écrire aux deux rois qu'ils trouveraient des chaises à Notre-Dame. LL. MM. reçoivent cet avis officiel et se rendent à l'église où ils ne trouvèrent ni chaises, ni tabourets. A la vérité l'Empereur et l'Impératrice restèrent debout tout le temps de la cérémonie. Lorsque le roi de Westphalie dit à M. de Ségur qu' « il savait bien mentir », ce grand officier ne put excuser autrement l'irrégularité de son procédé qu'en confiant au roi que S. M. I. l'avait fait venir la veille du jour du baptême dans son cabinet des Tuileries, à minuit ; lui avait ordonné de ne faire placer ni chaises, ni tabourets autour de lui à l'église Notre-Dame, en lui faisant défense expresse d'en prévenir LL. MM. ses augustes frères, malgré l'avis contraire qu'il leur avait donné par ses ordres.

4° Un désordre d'étiquette attira quelques reproches publics, assez sévères, à la fin de la cérémonie sur le comte de Ségur. Au moment où LL. MM. II. s'agenouillèrent, on trouva que les cardinaux avaient des carreaux devant eux et les princes impériaux point. Les deux rois et le prince vice-roi se tinrent debout, malgré quelque indice d'improbation de la part de l'Empereur. Le prince Borghèse se rappelant, à son ordinaire, plutôt ce qu'il était que ce qu'il est, n'imita point la contenance de ses augustes beaux-frères.

On a remarqué, comme une chose assez étrange, que, depuis son arrivée ici, le roi Jérôme n'avait pas été invité une seule fois à dîner chez l'Empereur son frère. On a cru apercevoir de même moins d'intimité entre le monarque français et Mme la princesse Pauline.

On vit à Saint-Cloud en parfaite retraite et avant le soir assez tardif, le service de la maison de l'Impératrice n'a pas l'honneur de l'apercevoir.

L'impératrice Joséphine vit fort agréablement à la Malmaison, en y voyant assez de monde deux fois par semaine dans la matinée et souvent à dîner, qui est suivi d'un excellent concert. Sa table est exquise. Elle a pris de l'embonpoint qui lui va bien, quoique la finesse de ses traits en ait été altérée.

La princesse de Ponte-Corvo[1] revient à Paris. Le climat et l'ennui la chassent des marches d'un trône sur lequel son mari ne montera pas sans beaucoup de soucis et de peines (13 juin 1811).

XVIII.

Paris, 14 juin 1811.

Madame,

Les ordres de V. A. I. et R. du 6 juin me sont parvenues ici le 12. Je n'avais mis aucun délai à exécuter ceux dont j'avais été précédemment chargé au sujet de Mme de Cavagnac. Aux notions que je me suis empressé de soumettre au jugement éclairé de V. A., je puis en joindre d'autres tout aussi favorables à cette dame sur la bonté de son caractère et la douceur de ses mœurs. M. de Narbonne, excellent juge en fait d'esprit et de bon ton et d'amabilité, accorde toutes ces qualités à Mme de Cavagnac, dans un degré qui devrait la rendre digne de la place qu'elle sollicite. Je la crois, dans ce moment, fort peu à son aise. Depuis six ans les propriétaires de vignes à Bordeaux n'ont pas de débit de leurs productions. M. de Cavagnac, au lieu de retirer de la (*mot illisible*[2]) dix mille francs par an de revenus, a dû emprunter tous les ans de quoi fournir à la culture de sa propriété. Le crédit est usé et les besoins d'argent renaissent sans cesse. Je suppose donc que l'on accueillera avec transport la proposition que Mme Fauchet m'a dit avoir été chargée de faire au nom de V. A. I. à Mme de Cava-

---

1. Désirée Clary, sœur de la reine d'Espagne, femme de Bernadotte.
2. Probablement le mot vendange.

gnac de l'amener avec elle à Florence pour passer trois mois à la cour et s'y faire connaître. Mme Fauchet se propose de partir d'ici vers le 8 ou le 10 juillet. Elle donnera une place dans sa voiture à Mme de Cavagnac et ne sera pas fâchée, je pense, de diminuer d'autant les frais de son voyage. Je dois voir aujourd'hui cette dame chez elle, et j'aurai l'honneur de rendre compte à V. A. I. de cette entrevue par ma prochaine dépêche.

Gérard a entièrement achevé le portrait de V. A. Les corrections ont bien réussi; dans dix jours, il le fera emballer sous ses yeux et, avant la fin du mois, il sera expédié, par terre, à Florence. C'est la saison la plus favorable au transport des tableaux.

S. M. le roi de Westphalie veut faire copier à Cassel par un peintre assez habile qui est à son service[1] les deux bustes des portraits de LL. MM. que Gérard vient de livrer au roi. — Je ne saurais quitter l'article des beaux-arts sans annoncer la publication du deuxième volume du *Voyage pittoresque de la Grèce* par M. de Choiseul-Gouffier, ancien ambassadeur de France à Constantinople. Malgré la grande célébrité que le premier volume valut à son auteur, les connaisseurs trouvent ce second volume plus intéressant encore que le précédent. — S. A. R. Madame, mère de l'Empereur, se dispose à partir pour Aix-la-Chapelle; c'est plutôt précaution que besoin qui y ramène cette princesse dont la santé est parfaite.

Mme la princesse Pauline compte partager son temps entre Aix et Spa.

Aussitôt après le prochain départ de S. M. le roi Joseph pour l'Espagne, son auguste épouse ira à Plombières. — Le vieux grand-duc de Bade est mort à Carlsruhe le 10 du courant[2]. — La princesse Stéphanie qui est accouchée d'une fille devient grande-duchesse régnante.

Je suis, avec respect, etc.

XIX.

16 juin 1811.

Madame,

Je m'étais proposé de ne faire la connaissance de Mme de Cavagnac qu'après avoir transmis à V. A. I. et R. tous les renseignements qui pourraient fixer son opinion à l'égard de cette dame. Je la vis avant-hier chez Mme Fauchet; je lui trouvai un maintien naturellement noble, des manières aisées sans familiarité, une figure agréable qui annonce la santé et semble promettre des mœurs douces. Dans un assez long entretien que j'eus avec elle, je ne trouvai à la vérité dans

---

1. François Kinson.
2. S. A. R. le prince Charles-Frédéric, grand-duc de Bade, décédé âgé de quatre-vingt-trois ans, après soixante-cinq ans de règne. Son petit-fils Charles, marié à Stéphanie de Beauharnais, lui succéda.

sa conversation rien de saillant, rien de calculé pour faire effet ; mais aussi elle n'énonca pas un principe qui ne fût formé par une pensée qui ne me parût juste. Elle s'exprime avec grâce et correction. Mme la comtesse de Montalivet qui, depuis dix-huit mois, la voit une fois par semaine ne m'a laissé aucun doute sur la bonté de son caractère.

Mme Fauchet partira décidément vers le 9 juillet. Elle se plaint de n'avoir pas pu retirer de ses fermiers ce qu'ils lui doivent et apporter de l'argent à Florence. — Mme Ec. (*illisible*)[1] a annoncé à Mme la comtesse de Ségur son changement de situation avec une grande sensibilité, mais sa douleur ne l'a pas un instant égarée sur le respect et la reconnaissance qu'elle doit à V. A. I.

Vendredi passé Mme la princesse Pauline donna à Neuilly une très jolie soirée. — Les dames y étaient en robes rondes extrêmement simples, pour la plus grande partie en blanc. Les hommes en habit habillés ou en uniforme à leur choix. — Les uniformes y dominaient ; il y eut de la musique italienne très bien chantée ; une jeune personne, élève de Talma, déclama la première scène de *Zaïre*. — Julien et son second parurent ensuite et l'on commença à danser. S. A. I. était d'une grande beauté et paraissait bien portante. Elle était assise sur un canapé. La princesse de La Tour (sœur de feu la reine de Prusse[2]) était sur un fauteuil à ses côtés. Près de quarante dames avec celles de la cour étaient assises le long des trois côtés du salon. — Les hommes, tous debout derrière les chaises des dames, s'approchaient tour à tour de la princesse. — Les dames faisant les honneurs étaient placées ainsi que Mme de Cavour[3] à l'extrémité du salon. — Le prince vice-roi, le prince Borghèse ainsi que le grand-duc de Wurtzbourg restèrent toujours mêlés avec nous. — S. M. le roi de Westphalie n'y fut qu'un instant, il accompagnera S. A. R. jusqu'à Bruxelles le premier jour de la semaine prochaine.

C'est aujourd'hui que S. M. l'Empereur ouvre la session du Corps législatif. Ce soir il y aura banquet aux Tuileries dans la salle des maréchaux, concert dans le jardin et *opera seria* dans le théâtre de la cour.

Demain, à huit heures du matin, aura lieu l'ouverture du Concile national dans l'église de Notre-Dame. L'assemblée des évêques a nommé provisoirement Mgr le cardinal Fesch président. Assemblés demain en Concile, ils rendront canonique cette élection.

---

1. Il s'agit ici, pensons-nous, de Mme Eschasseriaux, fille de Monge, laquelle habita Lucques de 1806 à avril 1808 comme femme du résident français, l'ancien tribun Joseph Eschasseriaux, et que la princesse combla de prévenances alors. Il était rentré dans la vie privée après cette ambassade avec le titre de baron.

2. Née de Mecklembourg, sœur de la reine Louise de Prusse qui était morte à Charlottenbourg, près de Berlin, en 1810.

3. Dame d'honneur de la princesse.

XX.

18 juin 1811.

Madame,

Je reçus hier au soir par une note du 10 de ce mois l'ordre de transmettre à V. A. I. des polygraphes qui se trouvent chez le sieur Maillet[1]. Cette commission sera tout de suite exécutée ainsi que celle des trois anneaux ou bagues de turquoises.

L'honneur d'être présenté à S. M. l'Empereur aujourd'hui à son lever au château de Saint-Cloud, y étant introduit par M. le grand chambellan ainsi que V. A. l'apprendra par notre très soumise dépêche, m'a retenu une partie de la matinée hors de chez moi. Je prendrai la liberté d'écrire demain une plus longue lettre.

Je suis, avec respect, etc.

XXI.

19 juin 1811.

Madame,

Les courses à Saint-Cloud et à Neuilly et les devoirs à remplir dans ces deux endroits prirent toute la matinée d'hier ; la dépêche que nous eûmes l'honneur d'adresser à V. A. I., M. Matteucci et moi, lui fera connaître le moment et la manière honorable dont il nous a été permis de nous acquitter de la plus pressante de nos commissions. Le même jour, S. A. I. Mme la princesse Pauline recevait pour la dernière fois à Neuilly avant son départ pour Aix-la-Chapelle. Nous ne manquâmes pas de saisir cette occasion pour lui présenter nos hommages et lui parler de la santé de V. A. I. Elle nous fit l'honneur de nous dire qu'elle en avait reçu aussi et qu'il lui avait été très pénible de devoir renoncer pour cette année à la satisfaction de vous revoir, Madame, pendant quelques mois à Paris. Le grand nombre d'étrangers présentés et le prochain départ de Mme la princesse avaient rendus très nombreux et très brillant le cercle de Neuilly.

Dimanche passé S. M. l'Empereur en se rendant au palais du Corps législatif avait dans son carrosse vis-à-vis de lui le roi de Westphalie. Le roi Joseph était déjà parti pour l'Espagne ; l'Impératrice avait à ses côtés la reine Hortense, dont la santé toujours chancelante a pu cependant supporter la fatigue de toutes les représentations auxquelles la reine d'Espagne a dû renoncer. L'affaiblissement progressif de cette digne princesse donne souvent des inquiétudes sur sa conservation. Elle ne quittera son lit que pour entrer en voiture et aller à Plombières.

Au cercle des Tuileries du 16 au soir, les dames furent invitées à paraître comme toujours en manteaux de cour et les hommes à leur

---

1. Dépositaire de polygraphes, 12, rue de la Victoire. — Le polygraphe était un appareil ou presse copie-lettre ; il se vendait en boîtes.

choix ou en habit habillé ou dans leur costume habituel. Presque tous les officiers étrangers présentés profitent avec empressement de la permission d'y paraître en uniforme; on croit qu'elle sera généralisée.

L'ouverture du Concile national se fit avant-hier avec beaucoup de pompe et assez de concours de spectateurs admis par billets à la première séance de cette assemblée. Le discours d'ouverture de l'évêque de Troyes (l'ancien abbé de Boulogne) n'a été entendu que par un petit nombre de personnes placées près de sa chaire. Jugé par ses pairs, il a paru rester au-dessous de cette grande circonstance. Le bon esprit qui règne dans l'assemblée et la confiance qu'inspire à tous ses membres la sagesse de Mgr le cardinal Fesch qui la préside en rendront les résultats prompts et utiles à la discipline ecclésiastique.

Je suis, avec respect, etc.

XXII.

Notes pour le retard qu'a éprouvée notre première audience. — Il ne m'appartient pas d'anticiper sur les avis qui seront donnés à V. A. I. par le frère qui la chérit dans une lettre que le premier de nous deux qui partira de Paris sera chargé de lui remettre. Ils lui rendront compte des dispositions dans lesquelles on était lorsqu'on répondit à la demande du voyage à Paris. — Ces dispositions ont influé sur l'instant et le mode de l'audience. A mon arrivée, la cour était absente. Le duc de Bassano trouva l'envoi convenable et me dit que notre députation serait présentée à l'Empereur ainsi que toutes les autres par le grand chambellan comme cela a eu effectivement lieu. Pendant le séjour de LL. MM. à Cherbourg, le roi de Westphalie renouvela la demande de l'agrément supérieur pour le voyage de S. A. I. L'on n'y répondit qu'au retour à Paris peu avant le 9 juin.

Le 7, le duc de Bassano croyait que le 9 nous serions présentés. — L'Empereur refusa de nous voir ce jour ainsi que deux autres députations et plusieurs étrangers. Ceux-là et une députation des nouveaux départements du nord de l'Allemagne ne l'ont pas encore été aujourd'hui. Nous étions à attendre notre sort en profitant de tout et étant partout bien reçus lorsque le duc de Bassano me fit venir à l'hôtel des Relations extérieures lundi soir vers minuit. J'y amenai aussi M. Matteucci et nous apprîmes que S. M. l'Empereur l'avait chargé de nous dire que le grand chambellan avait ordre de nous présenter au lever du lendemain avec les grandes entrées, que je n'avais pas besoin de lui être présenté plus particulièrement, me connaissant de longue main et me considérant comme un officier de la maison de son auguste sœur; qu'il n'envisageait pas notre envoi comme une mission diplomatique (ce que nous avions été les premiers à dire, faire entendre partout et de toutes les manières possibles).

On peut supposer que le retard de la présentation doit nous faire entendre que notre députation n'a pas été une des premières à arriver à Paris. Mais le bon accueil que nous avons reçu doit faire oublier les jours de l'attente, et l'annonce officielle du *Moniteur* nous a assimilés à tous les députés des grandes puissances. C'est ce que j'ai obtenu du duc de Bassano; il paraît d'ailleurs bien certain que l'on ne s'occupe dans ce moment d'aucun changement relatif à l'Italie. L'on en veut même un peu au roi de Naples de ce que, bien informé des dispositions précédentes aux malheurs de l'Espagne, il avait parlé du projet de réunion de ses États et de toute l'Italie à l'empire français.

Ce 20 juin 1811.

XXIII.

21 juin 1811.

Madame,

J'ai appris avec une vive douleur que le plus bel ornement des fêtes brillantes que la ville de Florence a données pour célébrer la naissance et le baptême du roi de Rome y a manqué par la forte indisposition qui a empêché V. A. I. de les animer de sa présence. Je vais rendre compte aujourd'hui tant à S. M. le roi de Westphalie qu'à Madame de ce qu'on m'a demandé à cet égard. Je prévois d'avance toute la peine qu'ils en éprouvent. Hier, Mgr le grand-duc de Wurtzbourg me chargea de présenter ses respects à V. A. I. et de lui exprimer tout l'intérêt qu'il prend, Madame, à votre prompt rétablissement. Je m'acquitterai ce matin auprès du grand-duc de Francfort de ce que V. A. m'a chargé pour lui. Je suppose que son séjour ici se prolongera jusqu'après la clôture du Concile national. Hier les Pères qui le composent ont eu une longue séance en présence des commissaires du gouvernement chargés d'y assister.

Le soir il n'y a point eu de spectacle à Saint-Cloud. Les maires des Bonnes Villes et leurs adjoints ayant été invités par M. le préfet de la Seine à un grand repas, dont les papiers publics ont donné les détails, ils ont voulu, à leur tour, en offrir un non moins splendide à ces mêmes autorités qui les ont si bien accueillis. On suppose qu'après la fête de dimanche à Saint-Cloud il leur sera libre de s'en retourner chez eux, accompagnés du souvenir du traitement honorable et bienveillant qu'ils ont reçu ici.

Le marchand Herbault[1] m'a remis deux petites caisses de modes que l'ancienne couturière de V. A. I. Adèle lui a commandées, d'après l'avis qu'elle en avait reçu de Mlle Babet-Armand. M. Rollier a pris soin de les faire partir hier.

Mme de Genlis a exigé de moi que je nomme à V. A. une personne qui, par une inconséquence inexplicable, de l'état le plus heureux à votre cour, Madame, s'est volontairement précipitée dans la plus profonde misère : c'est Mme de Blair[2] qui sent trop tard ses torts et pour

---

1. Marchand de nouveautés, robes, manteaux de cour, corbeilles de mariage, etc., 8, rue Neuve-Saint-Augustin.
2. Rose de Blair, dame de compagnie d'Élisa.

laquelle Mme de Genlis eût voulu réclamer la compassion de V. A. I. En m'acquittant de cette commission, j'y ajouterai simplement la connaissance acquise par moi-même que cette dame ne vit actuellement que d'aumônes.

Mme de Cavagnac fait ses apprêts pour partir. Si tout le monde la félicite sur la belle perspective qui s'offre à ses espérances, ceux qui la connaissent ne semblent pas craindre un instant que sa présence ne fixe bientôt un sort auprès de Mme Napoléon. Je l'ai détournée du projet de prendre un domestique français avec elle. Je lui ai promis par contre de faire soigner l'envoi d'une malle de ses effets, qui n'avait point de place sur la voiture de Mme Fauchet.

Je souhaite vivement que les premiers ordres qui m'arriveront de la part de V. A. I. m'annoncent la fin des longues souffrances dont elle est tourmentée. J'espère de même que le régime des bains contribuera à l'affermissement de la précieuse santé de Mme Napoléon.

Je suis, avec respect, etc.

XXIV.

Notes. — A Paris, et surtout si on a affaire avec de grands personnages, il faut renoncer à faire naître les occasions de traiter avec eux et se borner à les saisir promptement lorsqu'elles se présentent. Le hasard et une ancienne habitude de causer de littérature avec le comte Daru, traducteur d'Horace, m'ont facilité les moyens d'avoir depuis peu deux entretiens avec lui; ils ont roulé sur les intérêts de S. A. I. Je lui ai fait part de l'état inquiétant de sa santé et lui ai expliqué les motifs qui avaient fait naître le projet d'un voyage à Paris et occasionné la demande de l'agrément de S. M. Je l'ai convaincu que sa demande ne pouvait être plus prompte puisque tout de suite après les couches de l'Impératrice S. A. I. n'aurait pas voulu anticiper sur les intentions de l'Empereur, quelque empressement qu'elle eût eu de lui témoigner de vive voix le vif intérêt qu'elle prenait à cet heureux événement. Comme le motif du refus a été fondé sur le retard de la demande (supposée dépendante du voyage du roi de Westphalie), j'ai jugé à propos et ici et dans d'autres occasions de rétablir les faits d'une manière analogue à la vérité. — Je m'attendais bien que la circonspection du ministre secrétaire d'État se bornerait à témoigner le regret de ne pas voir cette année S. A. I. à Paris; mais l'impression de ce qu'on lui dit ne s'efface point et, pour peu qu'il veuille être juste, il pourra les faire valoir à l'occasion.

Il a été moins [réservé] et tout à fait sincère sur l'article de M. Benoist. « J'espère », me dit-il, « que V. A. I. ne doutera pas de mon désir tout naturel de seconder ses vues lorsqu'elle m'en croit capable, mais pense-t-elle qu'une demande présentée deux fois sans succès à l'approbation de l'Empereur puisse être renouvelée aujourd'hui avec quelque probabilité de réussite? » Le comte Daru, qui croit l'Empereur peu disposé à se dessaisir d'un homme très utile au ministère de l'Intérieur, ne voudrait pas essuyer un troisième refus. M. Benoist de son côté ne change pas de langage ni envers moi, ni envers les ministres de S. M., mais il redouterait beaucoup un changement de service qui paraît sollicité pour lui et qui, en indisposant l'Empereur contre sa personne, peut lui nuire dans l'avenir. Voilà ce que j'ai recueilli de positif sur cet article dans mes entretiens avec le comte Daru et le duc de Bassano qui en fit la première demande à S. M. et avec M. Benoist lui-même auquel il accorde beaucoup de dévouement pour S. A. I., mais non pas une volonté bien franche et bien prononcée de solliciter un déplacement. Il viserait aujourd'hui à la place de secrétaire général de son ministère vacante par l'entrée de M. de Gérando[1] au Conseil d'État, mais l'on s'attend ici que S. M. y nomme une personne étrangère à ce ministère.

Je parlai enfin au comte Daru du retranchement de la pension de 150,000 francs qui avait encore diminué les ressources pécuniaires de S. A. I. après les dépenses extraordinaires du voyage de l'année passée. Mes expressions peuvent être rendues à l'Empereur par le ministre secrétaire d'État s'il veut en chercher l'occasion. M. Estève[2], par qui ce traitement était ordonnancé, ne paraît avoir aucune part à ce retranchement. Je me propose de demander, comme une pensée qui m'est propre, si M. Estève ne peut pas rétablir dans le tableau du budget de 1812 la même pension en faveur de S. A. I.

Les divers entretiens que j'eus avec S. M. le roi de Westphalie ne m'ont pas fait croire qu'il parte d'ici fort content du séjour qu'il y a fait. La princesse Pauline, par son extrême souplesse et une égale dose d'indolence, supporte, dissimule ou ne sent pas ce qui irrite des caractères plus élevés. — L'impératrice Marie-Louise est plus concentrée et moins causante que jamais.

Les députations des nouveaux départements et plusieurs étrangers sont encore à solliciter leurs audiences; personne n'ose en reparler. Les entrées particulières de ce moment sont peu nombreuses; ni M. de Ségur, ni M. de Talleyrand n'en sont point. On y va en uniforme si on veut.

Ce 22 juin.

XXV.

23 juin 1811.

Madame,

Les ordres contenus dans la note du 14 juin seront incessamment exécutés. Je me suis déjà entendu avec le chevalier Anglès pour avoir

---

1. G.-M. de Gérando, décoré depuis avril 1809 de la Légion d'honneur, membre de l'Institut national, avait fait partie d'abord en 1808 de la Junte française de Toscane présidée par le général Menou, puis de la Consulte de Rome présidée par le général Miollis.
2. Trésorier général de la Couronne.

les informations nécessaires sur la personne qui m'est indiquée. Elles seront prises à petit bruit, avec exactitude et célérité. — S. M. le roi de Westphalie a fait copier ici sous les yeux de Gérard les deux bustes des deux grands portraits de LL. MM. pour V. A. I. : dès qu'ils seront séchés, le roi a ordonné qu'ils me soient remis et j'en soignerai le départ. S. M. a déjà fait connaître je crois à V. A. I. son projet de faire graver par Morghen[1] le portrait qu'il va faire passer à Florence. Son intention m'a semblé être que moi ou qui il vous plaira de nommer, Madame, nous fassions nos accords d'avance avec Morghen pour le prix du travail et le temps que cet artiste prendra pour livrer son ouvrage à la presse.

D'un autre côté, M. de Marinville[2], son intendant, va s'entendre avec le directeur du dépôt des marbres travaillés à la banque Élisienne ici[3] pour la confection de deux statues que S. M. veut faire travailler à Carrare.

Le départ du roi est très prochain. J'ai l'espoir d'être admis à prendre ses derniers ordres pour V. A. I.; la reine d'Espagne[4] doit être partie ce matin pour Plombières où elle aura la satisfaction d'être rejointe très incessamment par Mme la princesse royale de Suède, sa sœur[5]. J'ai entendu dire en ville que LL. MM. II. RR. iraient passer quelques jours à Compiègne.

Ce soir il y aura à Saint-Cloud la fête dont les journaux ont donné les détails. Toute la population de Paris, appelée à y prendre part dans le cours de la journée, fait des vœux pour que le temps ne la trouble pas. Depuis quatre jours d'une température extrêmement chaude, nous sommes passés à un froid humide par un ciel nébuleux, qui nous rappelle les jours d'automne avancé. On trouvait hier au soir dans les salons des cheminées allumées dont tout le monde sentait le besoin.

J'ai l'honneur de joindre à cette dépêche les notes que V. A. I. m'avait ordonné de prendre sur l'établissement de la maison des pages impériaux. Je désire ardemment d'avoir rempli ses hautes intentions. J'y réunis la copie des billets d'invitation pour la fête de ce soir. Dans les invitations aux cercles et spectacles ordinaires, on fait usage des mêmes formules; mais l'avis est au nom du chambel-

---

1. Sur Morghen, voir notre ouvrage, *les Arts en Toscane sous Napoléon* (*passim*).

2. Le baron de Marinville, chambellan, maître de la garde-robe, chevalier de première classe de l'ordre de la Couronne de Westphalie. Son portrait en buste et en costume de ses charges fut fait deux fois par le peintre de cour Kinson.

3. Sur la banque Élisienne qui avait un dépôt à Paris, 9, boulevard Italien, voir *les Arts en Toscane sous Napoléon*. — L'une de ces statues en marbre de Carrare représente le roi Jérôme en pied prêtant serment. Elle est aujourd'hui à l'hôtel de ville d'Ajaccio.

4. Julie Clary.

5. Désirée Clary, qui avait épousé Bernadotte.

lan de service et non pas du grand chambellan, quoiqu'ils partent tout de même du bureau de la chambre dépendant de ce grand officier.

Je suis, avec respect, Madame, etc.

XXVI.

25 juin 1811.

Madame,

De toutes les fêtes consacrées à célébrer la naissance et le baptême de S. M. le roi de Rome, celle que l'on donna avant-hier au palais et dans le parc de Saint-Cloud aurait été la plus belle si la fin n'en eût pas été dérangée par une forte pluie qui y mit un terme assez précipité. Le peuple appelé à y prendre part dans la partie du parc toujours ouverte au public l'avait remplie dès deux heures après-midi. Outre les distributions de vin et de comestibles qui commencèrent à quatre heures, il y trouvait tous les amusements de jeux, danses, petits spectacles qui animent dans les fêtes de Paris tous les Champs-Élysées. Un temps nébuleux, mais qui, sur l'heure de midi, paraissait devoir suspendre la pluie des jours précédents, avait rempli le parc d'une foule innombrable de spectateurs. Les personnes invitées à la cour trouvèrent à huit heures et demie tous les parcs, cascades, jardins, avenues et palais richement illuminés. Les cascades et jets d'eau ainsi que les allées de la partie intérieure du parc et jardins impériaux l'étaient à l'huile, en verres différemment coloriés et sur des dessins d'un goût exquis.

Après neuf heures, LL. MM. II. sortirent de leurs appartements et parcoururent la grande galerie où les personnes invitées au cercle étaient rassemblés. Le nombre des dames ne me parut pas aussi considérable que je l'aurais cru : on l'a porté à 300 avec les services des cours de l'Impératrice et des princesses. Elles étaient toutes en robes rondes, la plupart de tulle lamé; beaucoup de fleurs et assez de diamants formaient la parure de la tête.

LL. MM. rentrèrent ensuite dans leurs appartements pour voir le feu d'artifice que les artificiers de l'artillerie de la garde impériale avaient préparé sur la rive opposée de la Seine en face du palais.

Après le feu et l'ascension de Mme Blanchard dans un ballon entouré de feux d'artifice, l'Empereur conduisit l'Impératrice et tout le monde à leur suite dans les différentes parties des jardins où l'ordonnateur de la fête leur avait préparé des surprises, des coups d'œil imposants, des scènes champêtres, des ballets de danseurs de l'Opéra et un vaudeville exécuté par les acteurs de Feydeau.

Une tente dressée sur le boulingrin le plus proche de l'Orangerie couvrait une table de dix-huit couverts où LL. MM. devaient souper. Deux immenses tentes parallèles dressées dans la longueur de cette partie du jardin servaient d'abri à une très grande quantité de tables de huit à dix couverts chacune, qui furent servies à la fois vers onze heures du soir; mais dès dix heures et demie le temps s'étant mis à la pluie LL. MM. ne purent regagner l'Orangerie après la fin du vaudeville sans se mouiller.

Elles traversèrent cette pièce toute meublée à neuf et rentrèrent dans leur intérieur, forcées de renoncer au plaisir de rester plus longtemps au milieu des personnes qu'elles rendaient heureuses de leur auguste présence. Le reste de la compagnie, poursuivi par des averses qui durèrent pendant plus de trois heures, cherchait au jardin des abris sous des tentes qui n'étaient pas tout de suite percées par l'eau. Les tables du souper ne furent pas désertes; mais le retour du lieu du souper au palais mit en désarroi toutes les dames et causa un grand désordre dans les toilettes. Les grands habits de soie des hommes ne furent pas plus respectés par le déluge, au travers duquel il fallait passer. Le départ de tant de monde qui sans la pluie se serait successivement écoulé ne fut pas sans difficulté et sans des lenteurs inévitables en pareil cas. Les embarras se renouvelèrent le long de la route par la multiplicité des équipages qui avançaient par la chaussée à quatre et cinq voitures de front et qui devaient filer ensuite, l'une après l'autre, à la barrière des Bons-Hommes[1]. Il y a eu des personnes qui ont employé quatre heures à ce trajet. J'ai été assez heureux pour regagner mon logis en moins de deux heures.

Mgr le prince Borghèse qui prit le chemin de Vaugirard et voulut suivre le lit de la Seine faillit tomber dans la rivière. Au reste, l'ordre et la prévoyance qui règnent dans toutes les occasions de grande réunion de peuple et de voitures n'ayant été cette fois-ci ni moins exacts, ni moins actifs, il n'y eut presque pas d'accidents fâcheux.

J'ai cru pouvoir prendre les derniers ordres de S. M. le roi de Westphalie (qui part dans la journée pour Ems et Cassel) avant de fermer mon paquet; mais Elle est à Saint-Cloud pour prendre congé de LL. MM. II. J'irai à son hôtel à cinq heures et j'assisterai à son départ.

La cour de Saint-Cloud va passer quelques jours à Trianon; d'après les dispositions d'hier, elle a pris aujourd'hui le deuil pour quinze jours à l'occasion de la mort du vieux grand-duc de Bade. — Le ministre de cette cour à Paris, le bailli de Ferrette, m'a prié de transmettre à V. A. I. la notification ci-jointe de l'heureux accouchement de Mme la grande-duchesse de Bade.

Je suis, avec respect, etc.

XXVII.

27 juin 1811.

Madame,

Les derniers ordres de V. A. I. étaient du 14 de ce mois. J'ai appris ensuite qu'elle était passée de Pise aux Bains de Lucques où j'espère

---

1. L'ancienne barrière de Passy située sur le quai des Bonshommes. Son bâtiment se composait d'un pavillon élevé par l'architecte Ledoux et était décoré de deux statues colossales de la Bretagne et de la Normandie, provinces situées dans la direction de la route nationale partant de Paris par cette porte.

que V. A. I. aura trouvé Mme la princesse Napoléon pleine de santé et de grâce.

Mme de Cavagnac dont il me paraît pouvoir associer le nom à celui de V. A. I. est déjà toute prête à partir dès que Mme Fauchet lui en donnera le signal. Celle-ci ne prolongera pas au delà du 7 juillet son séjour ici surtout si je suis autorisé à lui faire l'avance de deux mille francs qu'elle attend de moi. Ayant été dimanche passé à la fête de Saint-Cloud, elle n'a pas besoin de prendre congé de LL. MM., ce qui aurait pu la mener fort loin.

Mme la princesse Pauline partit mercredi matin pour Aix-la-Chapelle avec une dame de sa cour et un chambellan. S. M. le roi de Westphalie déjeuna ce jour-là à Saint-Cloud avec l'Empereur et prit ensuite congé de LL. MM. II. — Rentré en ville, il alla dîner chez Madame où j'eus l'honneur de prendre ses derniers ordres et de le voir partir vers les six heures et demie du soir.

Le départ de S. M. la reine Hortense pour Aix en Savoie paraît fixé aux premiers jours de la semaine prochaine. On croit que le prince vice-roi l'accompagnera jusqu'en Savoie et ira rejoindre ensuite la princesse son épouse à Abano[1], près de Padoue. — S. A. I. trouve dans l'usage des boues minérales de cet endroit quelque soulagement au rhumatisme obstiné qui lui ôtait la faculté de remuer le bras gauche et commençait à faire dessécher les doigts de cette main. Le prince vice-roi s'informe toujours avec beaucoup d'empressement de tout ce qui intéresse V. A. I. et R.

Il en est de même du grand-duc de Francfort qui a été très sensible aux marques de souvenir que vous m'aviez ordonné, Madame, de lui renouveler ; il m'a chargé d'en remercier V. A. I. et de lui dire qu'il avait fait ici l'acquisition du beau buste de Carrare qui la représente si bien et que, l'ayant placé dans son cabinet à Francfort, il croyait y avoir à la fois l'image du mérite viril et de l'amabilité.

Ce prince vient d'être invité par une députation des Pères du Concile national à prendre part aux travaux de cette assemblée.

Les maires des Bonnes Villes et leurs adjoints ont été avertis par le ministre de l'Intérieur qu'il leur était permis de s'en retourner chez eux sans qu'ils doivent s'attendre à une nouvelle audience de LL. MM.; aussi M. Pucci et MM. les adjoints de Florence se préparent-ils à partir samedi prochain. Ils recevront tous une médaille qui leur rappellera l'heureux événement qui les avait réunis à Paris. Ils ont à leur tour offert à S. M. une médaille au nom de toutes les bonnes villes ; elle a été acceptée et l'on s'occupe de son exécution.

L'accident arrivé au prince Borghèse au retour de Saint-Cloud dimanche dans la nuit aurait pu avoir les suites les plus funestes ; c'est sur le chemin étroit et raboteux de Suresnes que sa voiture a versé au bord de la rivière ; elle a été toute sens dessus dessous, une

---

1. Abano, ville de 3,000 âmes aujourd'hui, est située à huit kilomètres de Padoue ; elle est connue pour ses eaux et boues thermales.

petite borne de bois a empêché qu'elle ne roulât dans la Seine. L'accident n'a pas eu de suite; le chemin de Suresnes y gagnera..

Je suis, avec respect.

Notes (situation intérieure). — L'ouverture d'une session du Corps législatif avait offert pour le passé à l'attente générale deux grands objets de curiosité publique, le discours de l'Empereur et le tableau de la situation de l'Empire que le ministre de l'Intérieur était chargé de présenter aux députés de la nation. Le premier contenait un abrégé de ce que l'Empereur avait fait dans l'année qui venait de s'écouler et des aperçus de ce qu'il se proposait de faire dans celle qui était commencée; le second a été un monument de gloire érigé aux travaux civils et militaires qui avaient illustré l'administration de Napoléon dans l'année précédente et quelque peu une apologie adroite de ce qui n'avait pas entièrement rempli les vues bienfaisantes de ce souverain.

Mais cette année l'on a supprimé les communications que le ministre de l'Intérieur était dans l'usage de faire au Corps législatif. L'Empereur lui a déclaré dans son discours qu'il ne l'avait convoqué que pour l'objet de lui présenter les comptes de 1809 et 1810 et lui faire connaître la situation prospère de ses finances. Le silence du ministre de l'Intérieur était prévu. C'eût été provoquer les murmures de la détresse publique que de l'insulter par l'étalage d'une prospérité démentie par la situation actuelle de l'Empire.

Le dernier voyage que l'Empereur fit dans la Normandie mit sous ses yeux le véritable état des nombreuses manufactures qui ont rendu pendant tant d'années florissante cette belle province. Indépendamment de la chute de plusieurs maisons de commerce qui a réagi sur les gros fabricants, plusieurs ateliers de filature de coton ont été fermés après le décret qui soumet les cotons de Naples à l'impôt et aux formalités fiscales qui équivalent à une défense d'importation. Les autres ont réduit à la moitié et même au tiers le nombre des métiers et celui des hommes qui y étaient employés.

Les chefs des manufactures principales ont prévenu l'Empereur qu'ils seraient forcés de faire avant l'hiver de plus grandes réformes. Les préfets les redoutent et ceux qui étaient à Paris en congé ont manifesté aux ministres de l'Intérieur et des Finances leurs craintes sur l'entretien de tant d'ouvriers sans travail pendant l'hiver. Le maire de Lyon a répondu à S. M. I., qui supposait qu'il y avait encore 6,000 métiers battants dans cette ville, qu'on n'en comptait plus que 2,500.

Le commerce des vins et des eaux-de-vie est en stagnation et les pays de vignoble ne peuvent plus supporter l'impôt et les frais de culture par l'impossibilité de se défaire de leurs productions. Paris, Lyon et les grandes manufactures de draps qui avaient un débit considérable d'objets de luxe dans l'étranger voient se tarir cette source de prospérité par l'appauvrissement des autres États et par l'extrême défaveur qu'éprouve leur crédit et le change des pays à papier-monnaie hors la France.

Le numéraire de l'Europe se dissipe ou se recèle et n'est plus augmenté par les mines de l'Amérique espagnole. La méfiance le fait disparaître de la circulation. La révolution que les grandes banqueroutes ont fait souffrir au commerce a obligé la Banque de France à renoncer à une grande partie des bénéfices que lui rapportait l'escompte des lettres de change et autres effets commerciaux. Il est connu qu'elle se trouve nantie de 120 millions de francs qui, n'étant pas en circulation, ne produisent aucun avantage aux actionnaires et rendent l'argent rare sur la place de Paris.

Les grandes dépenses que fait le gouvernement surtout pour la continuation de la guerre d'Espagne et les préparatifs de celle du Nord font appréhender une crise dans les finances. Ce sentiment n'a pas de mesure et l'exagération du déficit réel de la recette pour les dépenses de l'année éloigne la confiance du public pour les entreprises du gouvernement.

Les préparatifs pour l'invasion du Portugal se poursuivent avec une extrême activité. Mais les insurgés attaquent les convois et les enlèvent, jusqu'aux femmes qui s'y trouvent quelquefois. On dit que la femme du général Dorsenne[1] et celle du général Merlin[2] ont eu ce sort fâcheux avec un convoi très considérable de vivres et de munitions.

Lorsqu'il fut question des cérémonies du baptême, Mgr de Ségur fut chargé de proposer à Madame, mère de l'Empereur, de faire les fonctions de représentante de la reine de Naples absente et nommée précédemment marraine du roi de Rome. Cette proposition fut accueillie d'un refus bien prononcé! Madame déclara qu'elle ne pouvait renoncer aux droits que lui donnait la nature; qu'elle ne paraîtrait à la cérémonie que comme marraine de son petit-fils. Les débats occasionnés par sa ferme résistance furent longs et vifs. On examina si, lorsqu'il n'y avait qu'un seul parrain, il pourrait y avoir plusieurs marraines, et ce *mezzo termine* concilie toutes les prétentions hormis celles de la reine Hortense dont on a parlé ailleurs.

La princesse Pauline est partie en boudant un peu l'Empereur; on lui avait dit un demi-mot pour qu'elle allât passer les trois derniers jours à Saint-Cloud; mais soit la gêne ou l'ennui qu'on y éprouve, soit doute de l'intention bien prononcée du frère de l'y voir, S. A. fit la sourde oreille et resta à Neuilly. Elle voulait éviter de paraître à la fête de dimanche, mais ses excuses ne furent pas acceptées. Elle y vint fort tard et lorsque le cercle était fini. — L'embarras que l'Impératrice éprouve les jours de représentation les rend plus rares et nul-

1. Le général comte Dorsenne se couvrit de gloire en Espagne. Il devait mourir à Paris, le 24 juillet 1812, des suites d'une blessure à la tête. Il avait commandé les grenadiers de la garde impériale.
2. Né en 1778. Fils du conventionnel Merlin de Douai, ancien ministre. Il fut créé baron de l'Empire.

lement réguliers. Son peu de goût pour le théâtre français suspend les représentations du jeudi au théâtre de Saint-Cloud. Il ne se confirme pas qu'elle soit grosse. Sortie trop tôt de couches, elle a besoin de se ménager. L'Empereur est toujours beaucoup avec elle.

Ce 27 juin 1811.

XXVIII.

Notes. — Je puis confirmer aujourd'hui l'opinion portée précédemment à la connaissance de S. A. I. sur la durée de l'état politique de l'Italie par un discours de l'Empereur au sujet de quelques arrondissements qu'on lui avait proposés en Allemagne. S. M., entrant dans d'assez longs détails sur ce projet et généralisant même la thèse (?) des arrondissements, dit que les petits avantages qui en résulteraient pour l'administration interne ne balanceraient pas le mal qu'ils feraient à sa politique en allumant tous les États de la Confédération du Rhin qui redouteraient tous la perte de quelques portions de leurs États. Il fut même question des faux bruits par lesquels on avait inquiété à tort le roi de Naples et ses sujets. Je tiens ce récit de source. Quelque temporaire que soit la nécessité qu'il donne, tant que dure la guerre d'Espagne et que les affaires du Nord demeurent en suspens, le besoin d'entretenir la confiance des princes de la Confédération du Rhin devra faire ajourner toutes réunions.

J'ai dit que les affaires du Nord demeurent en suspens, car on reste armé de part et d'autre et je ne sache point qu'aucun des points en discussion ait été jusqu'ici définitivement arrangé. Ni à Pétersbourg, ni à Paris personne ne se fait d'illusion sur le fantôme de l'alliance de Tilsitt et des conventions d'Erfurt. Le mariage a émancipé Napoléon des égards qu'il devait à la puissance russe et celle-ci avait perdu une partie de ses droits aux engagements de la France, ayant si mal tenu les siens pendant la campagne de Wagram.

Il paraît donc que de part et d'autre on se prépare à se porter de rudes coups, lorsque d'autres entreprises m'empêcheront plus les deux colosses de se chercher et de s'atteindre.

Les affaires ecclésiastiques ne laissent pas que d'occuper sérieusement l'Empereur. Ses ministres et surtout celui de la Police lui ont représenté la nécessité de faire disparaître l'autorité souveraine des délibérations du Concile. Le titre de commissaires impériaux que l'on avait donné aux ministres du culte de France et d'Italie a été supprimé et le *Moniteur* en a constaté le changement par un *erratum.*

Le cardinal Fesch, qui déploie d'un autre côté autant de dignité que de sagesse envers les Pères du Concile auxquels il a inspiré confiance et déférence, a eu le courage de résister à l'Empereur et a obtenu de lui ce qu'il a jugé nécessaire à la réussite des affaires dont la direction lui est confiée. Il paraît qu'on est convenu de faire du Concile un puissant médiateur entre le Pape et l'Empereur. L'on compte de ramener le vieillard à des conventions raisonnables. On va lui rendre deux prélats qui avaient du pouvoir sur lui et l'on est maintenant convaincu d'avoir fait une faute en les lui ôtant.

Le cardinal Maury ne joue aucun rôle au Concile; il y est comme évêque de Montefiascone; sa considération à la cour et à la ville a fort baissé.

Ce 28 juin.

XXIX.

Paris, ce 29 juin 1811.

Madame,

La note que V. A. I. et R. m'a fait écrire des Bains de Lucques le 18 du courant ne m'est parvenue ici qu'hier 28. Le séjour des Bains aura fait parvenir quelques jours plus tard entre vos mains, Madame, les objets que les ordres de V. A. m'avaient fait choisir et lui transmettre par le courrier le 11 et le 14 du mois. Jaloux de sa haute approbation, je serai heureux si j'apprends que ces menus envois ont répondu à son attente. J'ai tenu de même la main à ce que l'on fît partir aussi les 20, 22 et 27 les autres effets qui lui appartiennent. M. le préfet du palais[1] m'ayant demandé une petite provision de colle de poisson, en attendant l'arrivée d'une plus ample provision envoyée par le roulier, je la fais remettre aujourd'hui au courrier à l'adresse de V. A. I.

La cour est toujours à Saint-Cloud. Avant-hier les ordres de faire jouer *Les deux pages* le soir même au théâtre du palais arriva assez tard à Paris et l'on vit Mlle Duchesnois jouer le rôle de l'un des pages. Elle n'y parut pas à son avantage. Michaut joua d'autant mieux celui de Dazincourt.

Demain, S. M. l'Empereur donnera une audience à tous les Pères du Concile, d'après l'usage d'autres conciles nationaux. L'adresse que le président fera à S. M. et la réponse de ce monarque, qui se fait toujours admirer dans ses propos, seront lues avidemment du public si le *Journal officiel* nous en fait part.

Une députation de vingt-six membres du Corps législatif et celle du Sénat du royaume d'Italie seront reçues le même jour par S. M. I. Après il y aura grande parade pour laquelle est arrivé de Chantilly le beau régiment des lanciers polonais de la garde. Cette arme, dont les rapports militaires des généraux anglais en Espagne font l'éloge, va être adoptée pour trois des six régiments de dragons de l'armée française.

S. A. I. Madame, mère de V. A., a donné à Mme la comtesse de Montesquiou, gouvernante du roi de Rome, son portrait enrichi de beaux brillants et deux parures d'assez de prix aux deux sous-gouvernantes. Cette princesse se porte à merveille et toutes les fois que j'ai l'honneur de lui faire ma cour, ce qui m'arrive souvent, elle me

---

1. Le préfet du palais de la grande-duchesse, baron florentin Jean-Baptiste Baldelli.

demande avec le plus vif intérêt des nouvelles précises sur la santé de V. A. I., de Monseigneur et de Mme Napoléon.

Hier, M. le comte de La Place donna à dîner à Arcueil[1] au prince et à la princesse de Neuchâtel et à beaucoup de ministres et sénateurs. Nous étions trente-deux. Le prince et le duc de Feltre me chargèrent de présenter à V. A. I. l'hommage de leur respect. Mme de La Place y paraissait plus jeune que sa fille. — Le voyage à Compiègne paraît très prochain.

Je suis, avec un profond respect, etc.

XXX.

Notes. — Je ne crois pas devoir fermer ces notes sur les bruits vagues, les notions inexactes et les absurdes assertions des nouvellistes des cafés de Paris ou du foyer de l'Opéra. C'est à des sources moins suspectes que j'ai puisé mes notions et c'est par des combinaisons moins hasardées que je les présenterai au jugement éclairé de V. A. I.

L'Espagne. — On arrête avec douleur le regard sur ce théâtre des opérations militaires des armées françaises. L'absence de l'Empereur, l'éloignement du major général de cette armée qui, au défaut du souverain, devrait concentrer en lui et l'autorité et l'impulsion à donner à tous les corps qui la composent, y a fait germer et s'accroître un esprit de désunion et de jalousie entre les chefs qui les commandent, dont on avait perdu le souvenir depuis le séjour de Napoléon. Les dissensions, les imputations réciproques et l'animosité générale ont détruit tous les moyens d'opérer de concert sur la longue ligne des opérations projetées. Chacun se plaint et rejette sur d'autres le manque de résultats que l'on attendait de tant de moyens et d'aussi brillantes réputations. Tous (sans en excepter Masséna lui-même) sont restés au-dessous de leur ancienne gloire.

Demandant tous à s'en retourner, il paraît que l'on s'est prêté volontiers à leurs instances. Masséna quitte son commandement. Macdonald est attendu tous les jours à Paris; Mortier, duc de Trévise, et Sébastiani y reviennent de même. Le maréchal Ney qui les a précédés tous « accuse tout le monde »; faiseurs de projets, exécuteurs, officiers, soldats, tout a mal fait. Le relâchement de la discipline dans toute l'armée et la longueur des campagnes sans événements décisifs ont presque entièrement désorganisé ces redoutables corps qui ont triomphé à Iéna et à Wagram. Les vieux soldats ont disparu et des conscrits mal exercés périssent de fatigues et de souffrances sans se mesurer en bataille rangée avec l'ennemi.

Ces inconvénients, en partie réels et en partie exagérés par le découragement général, ont été vivement représentés par le roi d'Espagne

---

1. Maison de campagne des Laplace, aujourd'hui enclavée dans l'ancien collège des Dominicains. Laplace avait été créé comte de l'Empire en 1808.

à l'Empereur, son frère. Il doit lui avoir représenté qu'une partie des maux qu'éprouve l'Espagne dérivent de l'administration militaire et de la rapacité des officiers généraux. S. M. a soutenu et persiste à croire que, s'il y a moyen de conquérir l'Espagne autrement qu'en faisant un désert de ces provinces, ce serait en laissant agir le roi d'Espagne avec ceux de ses sujets qui lui sont restés fidèles, en lui accordant un corps français comme auxiliaire et détruisant jusqu'à la possibilité la plus éloignée d'un démembrement de quelques provinces du continent espagnol; car l'arrivée du maréchal Bessières avec un appareil d'organisation française a remué tous les esprits, réveillé les haines nationales, ranimé les insurrections et repeuplé les bandes de véritables brigands (entièrement séparés des insurrections réglées et en rapport avec les Anglais) d'une quantité d'amnistiés que l'espoir du butin ramène dans les rangs de ces hommes également funestes aux Français et aux Espagnols.

Les vues du roi, quelque opposées qu'elles soient à celles de l'Empereur, ayant été appuyées par le général O. Farill qui eut un entretien de trois heures avec S. M. I., n'ont ni augmenté, ni même entretenu les dispositions défavorables qui présidèrent à la première entrevue de Rambouillet, qui fut on ne peut pas plus orageuse. Le second entretien doit avoir assez satisfait le roi Joseph.

Cependant, les pouvoirs étendus que le maréchal Marmont a reçus, son humeur altière, le mécontentement qu'en témoignent ses égaux font appréhender la prolongation des mêmes inconvénients et le renouvellement des mêmes scènes d'insubordination. On ne blâme point Masséna de s'être retiré, mais de n'avoir pas donné à sa retraite la direction de Madrid. On prétend qu'il ne soit pas non plus exempt de reproches d'avoir ou toléré ou du moins laissé impunis le gaspillage et les exactions arbitraires. Celles qu'avait exercées en Catalogne le général Lecchi sont d'une nature si grave qu'il est en prison et sous procès. On ne l'accuse de rien moins, entre autres horreurs, que d'avoir fait assassiner un Catalan et, sous prétexte qu'il favorisait l'insurrection, de s'être mis en possession de son immense fortune. La conduite précédente de ce général de l'armée d'Italie ne rend pas improbable une aussi vile atrocité.

On dit aujourd'hui que l'Empereur destine un renfort de 50,000 hommes au maréchal Marmont; qu'il doit rentrer en Portugal par la province d'Alentajo et tâcher d'en chasser les Anglais. Les Espagnols qui ont accompagné ici le roi persistent dans leur opinion que, sans les Anglais et les mauvais traitements que les Espagnols éprouvent de quelques corps de troupes françaises, le roi viendrait bientôt à bout de ces insurrections.

S. M. s'apprête à partir. La manière dont les rois étrangers sont traités, ainsi que les officiers de leur cour, m'a paru déplaire à LL. MM. cette fois-ci encore plus que les précédentes.

La cour de Vienne. — Le mariage de l'archiduchesse Marie-Louise a assuré à cette cour le repos dont elle a besoin et auquel elle semble aspirer de préférence à tout autre chose. Aussi, loin d'exciter la France à une guerre contre la Russie, qui pourrait même présenter la certitude de quelques résultats favorables à son ambition, elle emploie le très peu d'influence dont elle peut se flatter dans le cabinet de Saint-Cloud à y faire valoir des principes de modération et les avantages du repos du continent. L'Impératrice continue à n'être pour rien dans tout cela.

Italie. — Les changements dont l'état politique de l'Italie paraissait menacé au commencement de cette année semblent être ou suspendus ou ajournés. On croit que la tournure défavorable qu'ont prise les opérations militaires de l'Espagne et du Portugal peut avoir fait perdre de vue les projets de réunions ultérieures. Le budget de l'année pour le royaume d'Italie a été arrêté ici et le ministre Prina[1] l'a déjà apporté à Milan pour en faire exécuter les dispositions.

Suède. — Il n'y a personne à Paris qui n'envisage l'élévation du prince de Ponte-Corvo à la succession du royaume de Suède, moins comme véhicule à remuer cette nation contre la Russie selon les circonstances que comme un moyen d'éloigner de la France un ambitieux, dont les principes républicains étaient un point de ralliement tacite pour tous les démocrates et dont les talents militaires étaient reconnus et respectés dans l'armée française[2]. Aussi l'empereur Alexandre ne le range-t-il pas au nombre des appuis de Napoléon dans le nord de l'Europe. Mais ce qui donne la mesure du peu de cas que l'on fait ici de l'amitié du prince royal de Suède, c'est le séquestre que l'on a mis sur les propriétés que ce prince avait laissées en France, sous le prétexte spécieux que, d'après les lois de la Suède, il ne peut plus rien posséder hors du royaume. On dit que le comte de Brahe, venu pour complimenter l'Empereur sur la naissance du roi de Rome, est chargé de demander la levée du séquestre sur les biens du prince royal; mais ce qui est bon à prendre, dit Figaro, est bon à garder.

Rapports avec la Russie. — Les bruits publics continuent à proclamer la guerre entre la France et la Russie comme très prochaine, les ministres étrangers la croient inévitable. La situation de la Russie, ce qui reste à faire à la France en Pologne, ce qu'elle veut empêcher que l'on fasse en Turquie et des préparatifs considérables de part et d'autre semblent nous y préparer.

La Russie (on l'avait prévu d'avance) ne peut plus se passer de rela-

---

1. Prina (de Novare), ministre des Finances du royaume d'Italie, financier très estimé par l'Empereur qui le créa comte et grand dignitaire de la Couronne de fer. Il venait de faire un séjour à Paris et en était reparti pour Milan le 20 mai 1811. Il paya de sa vie en 1814, lors de la révolution de Milan, son dévouement à Napoléon et à la dynastie, dont il défendit le maintien au Sénat jusqu'à la dernière heure.
2. Cette appréciation de Bernadotte en 1811 est remarquable; le rôle antifrançais qu'il jouera en 1813 est déjà en quelque sorte pressenti.

tions commerciales avec l'Angleterre. Sans marine marchande, regorgeant de productions du sol, de minéraux et de pelleteries qui l'enrichissaient en temps de paix avec la puissance qui lui en procurait un débouché utile, elle voit se tarir toutes les sources de sa prospérité nationale. Sans argent, sans crédit, le gouvernement commence à s'effrayer du résultat de ses combinaisons politiques et n'est pas entièrement tranquille sur les suites du mécontentement général de la nation russe.

Alexandre doit s'en être ouvert à Napoléon; Caulaincourt[1] s'est fait son avocat. Il a représenté la nécessité de permettre à la Russie quelque commerce avec les Anglais; il a voulu se rendre garant de la bonne foi d'Alexandre et de son constant attachement à l'alliance française si l'empereur Napoléon veut entrer un peu dans la position gênée de son allié.

On a trouvé que Caulaincourt épousait trop chaudement les intérêts de ce monarque. On lui a reproché des adoucissements arbitraires dans les communications officielles avec le cabinet de Saint-Pétersbourg; on l'a accusé de n'en avoir pas assez approfondi les vues cachées et de ne pas bien connaître la véritable situation de cet empire. Voilà ce qui lui a fait obtenir aisément le rappel que sa santé et l'état de ses affaires lui avaient fait demander depuis près d'un an. Cet ambassadeur avait un traitement de 400,000 francs par an et la faculté de tirer 60,000 francs par mois sur la cassette de l'Empereur, mais depuis l'époque du Mariage cette faculté fut suspendue.

Le rappel d'une personne qu'Alexandre envisageait comme un garant de la constante amitié de Napoléon envers lui; la nouvelle étendue donnée à l'Empire français qui va jusqu'à la Baltique; l'occupation du pays d'Oldenbourg, garanti au beau-frère de l'Empereur par la paix de Tilsitt; les forces que l'on commence de rassembler à Dantzig, où se trouve une petite armée bien concentrée; quelques soupçons d'insinuations secrètes faites par la France à la Porte pour l'engager à ne pas précipiter ses accords de paix avec la Russie; tout cela donnant au parti anglais des motifs plausibles d'exciter la méfiance du cabinet de Saint-Pétersbourg a produit le rassemblement de près de 100,000 Russes vers les frontières du grand-duché de Varsovie.

La guerre contre les Turcs se poursuit plus faiblement; l'on fait des efforts pour conclure la paix avec eux, et les meilleurs officiers russes, sous prétexte de mauvaise santé, quittent l'armée de Moldavie pour rester au milieu de celle qui surveille les Polonais. — Le cabinet de Saint-Cloud de son côté offre au duc d'Oldenbourg, en indemnité de ce qu'on lui a pris, le pays d'Erfurt et les revenus utiles de son ancien État.

On se plaint d'un ukase qui ferme les portes de la Russie à l'industrie française; on accuse les Russes de projets ambitieux sur la Ser-

---

1. Le général Caulaincourt, ex-grand écuyer et duc de Vicence, alors ambassadeur de l'Empire français auprès du tzar Alexandre Ier.

bie, dont elle a déjà occupé les places fortes. Ces récriminations réciproques sont aigries en France par les Polonais qui demandent toujours un roi français et, ne pouvant pas avoir le roi de Naples, prendraient le roi Jérôme, et par la tendance irrésistible du gouvernement français vers de nouvelles guerres. Cependant, les dernières explications entre les deux souverains et les premières dépêches du comte de Lauriston, du 13 mai, semblent devoir au moins ajourner la rupture entre les deux empires. Le discours de l'Empereur à l'ouverture du Corps législatif nous éclairera là-dessus.

Ce juin 1811.

XXXI.

Paris, 1er juillet 1811.

Madame,

J'ai eu l'honneur de recevoir les ordres de V. A. I. et R. du 22 juin, datés de Lucques. — M. le comte de Lacépède, prévenu du désir qu'a V. A. I. de recevoir les règlements des maisons d'éducation de filles, fondées à l'avantage et sur les biens des orphelines des membres de la Légion d'honneur, ne tardera pas à vous transmettre, Madame, tout ce qui concerne la maison d'Écouen, celle de Saint-Denis[1] (qui s'ouvre aujourd'hui même) et quatre autres succursales de celle-ci.

M. le comte Regnauld Saint-Jean-d'Angély enverra de son côté le règlement de l'hôpital des orphelines et des enfants trouvés, sur un pied digne d'imitation...

Hier, les Pères du Concile n'ont pas eu l'audience qu'ils avaient sollicitée de S. M. I. L'Empereur a passé la plus belle et la plus nombreuse parade que j'aie encore vue. Il s'est occupé depuis deux heures et demie jusqu'à près de huit heures de l'inspection et de la manœuvre de plus de 15,000 hommes effectifs de toutes armes. Une pluie assez fréquente et très forte ne l'a pas arrêté. Il a été pendant quatre heures à pied, traversant les rangs et entrant dans beaucoup de détails avec les différents chefs de corps et de simples soldats. Il a distribué des aigles à deux corps de l'ancienne garde hollandaise et aux lanciers polonais.

L'attente des députés au Corps législatif a été remplie. Samedi passé, le ministre de l'Intérieur a fait lire et remis aux législateurs le tableau de la situation de l'Empire. Le *Moniteur* d'aujourd'hui, qui n'a pas encore été distribué, le portera à la connaissance de V. A.

Je suis, avec respect, Madame, etc.

XXXII.

Paris, ce 3 juillet 1811.

Madame,

La bonté et l'indulgence que V. A. I. et R. a daigné m'exprimer

---

1. L'une établie dans l'ancien château, l'autre dans les bâtiments de la vieille abbaye.

dans sa lettre du 23 juin m'ont comblé de joie et m'ont animé de la plus respectueuse reconnaissance. Je tâcherai de mettre le même zèle, tant que je reste encore ici, à exécuter les ordres qui me sont donnés et je viens de faire connaître à mon fils en Catalogne les dispositions bienveillantes de S. A. à son égard et au mien.

M. le duc de Bassano m'ayant dit hier que le comte de Lavallette avait reçu les pleins pouvoirs et les courtes instructions nécessaires aux arrangements à prendre avec M. Matteucci, ce ministre de Lucques ira se concerter ce matin avec le directeur général des postes pour entamer de suite et finir promptement cette affaire, et M. Matteucci a le désir et intérêt à ne pas prolonger davantage son séjour à Paris.

L'avis que vous avez daigné, Madame, me donner sur votre santé, a calmé d'un côté un peu mes inquiétudes et m'a fourni de l'autre l'occasion de satisfaire le vif empressement que l'on me témoigne ici de toutes parts d'en être instruit. Le prince archichancelier me chargea encore hier d'assurer V. A. I. de son respect et de l'intérêt qu'il prend au rétablissement de sa santé : il est lui-même très souffrant.

Trois semaines de pluie et d'orages presque continuels altèrent la température et l'atmosphère avec une rapidité et une inconstance qui donnent de la besogne aux médecins. Je me suis jusqu'ici donné garde d'augmenter leurs embarras. On se croit en automne. Cette saison peu favorable au séjour de Compiègne a probablement retardé le voyage que la cour paraissait disposée à y faire. J'ai entendu parler hier d'un petit voyage de LL. MM. à Trianon.

On croit que dimanche prochain S. A. I. le vice-roi, en sa qualité d'archichancelier d'État, présentera à S. M. l'Empereur les Pères du Concile qui reprendront leur session après cette fonction, et le prince partira alors pour l'Italie en accompagnant S. M. la reine Hortense jusqu'en Savoie.

Avant son départ d'ici, S. M. le roi de Westphalie me charge de faire aboucher le s[r] Cachard[1] avec M. de Marinville[2] pour qu'il soit délivré au premier incessamment la statue en plâtre du roi par Bosio, afin qu'on l'exécute en marbre à Carrare[3]. Cela est fait.

Le s[r] Gerard, n'ayant pas reçu du Roi l'ordre, mais la permission de faire copier par un de ses élèves le buste du grand tableau de la reine pour V. A. I. et cet artiste ayant ordonné et inspecté le travail qui est à son terme, a fait un pendant exact de celui de S. M. le roi. Je l'ai autorisé à le réunir à celui-ci et au grand portrait de V. A. I.;

1. Négociant français associé de M. Eynard depuis 1809 pour le commerce des marbres de Carrare. M. Cachard gérait la maison de Paris où se débitaient les marbres de Carrare envoyés par la banque Élisienne. Pour plus de détails à ce sujet, voir *les Arts en Toscane sous Napoléon*, ch. I et II.
2. Le baron de Marinville avait suivi son souverain à Paris en 1811. Kinson fit son portrait deux fois, en riches costumes de ses charges de cour et en buste. Nous possédons l'un d'eux.
3. Cette statue semble aujourd'hui conservée à la mairie d'Ajaccio. Le roi est représenté prêtant serment.

tout partira sans faute d'ici sous peu de jours. Celui qui doit servir au travail de Morghen n'est pas entièrement séché. — Je rassemble les dessins des meubles qui m'ont été demandés; l'emploi de racines d'arbres nationaux qui balancent parfois l'usage de l'acajou a l'inconvénient d'exiger beaucoup de clous pour arrêter les petits carreaux dans lesquels il faut tailler la plupart des racines qui manquent d'épaisseur.

Je suis, avec respect, Madame, etc...

XXXIII.

Paris, ce 5 juillet 1811.

Madame,

L'administration générale des jeux avait obtenu du ministre de la police la permission d'offrir aux étrangers et aux personnes présentées à la Cour une fête, pour célébrer la naissance du roi de Rome, dans son hôtel de la rue de Richelieu, attenant à Frascati, appelé le salon des étrangers[1]. Cette fête fut donnée avant-hier au soir au théâtre construit en bois dans le jardin, mais avec toutes les précautions pour rendre un incendie presque impossible; elle offrit l'occasion de faire jouer une pièce de circonstance par un rare assemblage d'un excellent choix d'acteurs du Français, de Feydeau et du Vaudeville; l'ouvrage de Dupaty était faible, froid et par trop graveleux. Les ballets dansés par les premiers sujets de l'Opéra ont embelli ce spectacle. — Le bal a suivi de près; la représentation a été interrompue par un souper exquis à des tables de huit couverts qui ont été continuellement servies à nouveaux frais pendant toute la nuit. Les invitations avaient été faites avec beaucoup de rigueur. Toutefois, aucune dame de la Cour n'y a paru, à l'exception de quelques étrangères.

J'ai procuré à M. Matteucci l'occasion de voir une aussi nombreuse assemblée servie avec ordre et profusion. On en porte la dépense à 150,000 francs, les jeux de hasard y étaient défendus. De tous les ministres français, il n'y parut que celui des Cultes qui fut tout étonné de s'y trouver seul.

Au feu d'artifice tiré sur la place de la Concorde, le jour du baptême, une femme fut tuée et d'autres personnes blessées par des baguettes de fusées. Le préfet de police a défendu aux artificiers de faire usage désormais de pareilles baguetttes et les a rendus responsables des accidents qui naîtraient de l'emploi de moyens aussi dangereux dans les feux d'artifices publics.

Le général Radet, appelé de Rome à Paris par l'ordre de l'Empereur, m'a dit avoir reçu de S. M. I. une gratification de 50,000 francs; il doit être parti pour le nord de l'Allemagne et le grand-duché de Varsovie.

1. Toutes ces constructions de l'ancien boulevard Montmartre ont depuis longtemps disparu.

Le comte de Chabrol, qui est venu me voir il y a peu de jours pour être informé de l'état de la santé de V. A. I., m'exprime sa vive reconnaissance pour le beau présent qu'il a reçu, Madame, de votre générosité. Il m'a paru maintenant satisfait de sa nouvelle carrière et la grande considération dont le gouvernement entoure aujourd'hui la haute magistrature doit flatter M. de Chabrol d'avoir été choisi par l'Empereur à y rentrer par une place importante.

Le duc d'Abrantès, revenu d'Espagne avec toute sa famille, est rentré dans les fonctions de celle de gouverneur de Paris. — M. le chevalier Anglès a eu quelque difficulté à trouver les traces de la personne dont il s'est chargé de donner des renseignements à V. A. Je crois être parvenu à lui faire connaître la mère de la dame; son empressement fera le reste. Quant à l'aversion que le comte Regnauld a manifestée contre Mme de Cavaignac, ni M. Anglès, ni M. Benoist ne peuvent en deviner la cause. On a écrit à Bordeaux au commissaire de police Petitpierre pour avoir une opinion officielle à opposer aux soupçons de ce ministre d'État, fâché peut-être de n'avoir point été consulté dans le choix de cette dame. Elle ignore jusqu'ici le vrai motif du retard de son voyage et s'est mise en quelques dépenses de toilette pour paraître décemment à la Cour.

Je suis, avec respect, Madame, etc.

XXXIV.

Notes (le 4 juillet). — L'Empereur n'avait pas vu l'impératrice Joséphine après la naissance du roi de Rome; plus d'une fois il avait manifesté l'intention d'aller lui rendre visite à la Malmaison; mais tantôt des occupations imprévues, et plus d'une fois les instances de son épouse l'en avaient détourné et il y a près de dix jours que S. M. effectua son dessein. Elle demeura deux heures avec l'impératrice Joséphine, lui dit, en présence de sa Cour et en la tutoyant, qu'elle n'avait jamais été plus belle et que son embonpoint lui allait à merveille. Ils furent longtemps seuls. L'Empereur lui témoigna beaucoup de bienveillance : il convint avec elle que le château de Navarre[1] était inhabitable l'hiver, lui demanda si elle voulait aller à Rome, et l'Impératrice l'ayant décliné à cause de l'éloignement, il lui offrit un établissement d'hiver à Bruxelles, où sa Cour serait grossie par une noblesse aimable et aisée; il finit par l'assurer qu'elle pouvait toujours faire ce qui lui serait le plus agréable et qu'il y contribuerait avec plaisir ! Cette visite a rendu heureux le vice-roi et la reine Hortense. Les personnes de la société qui sont parfaitement accueillies à la Malmaison y ont pris beaucoup de part. On dit que l'impératrice Marie-Louise a la faiblesse de s'affliger de ces rares visites et qu'il y a eu

1. Ancienne résidence des ducs de Bouillon près d'Évreux, achetée le 8 mars 1810 par l'Empereur pour l'impératrice Joséphine. Cette belle terre est dénaturée aujourd'hui.

quelques petites discussions à ce sujet dans le ménage. Cette princesse témoigne à l'Empereur un amour passionné qui la porte à ne vouloir vivre éloignée de lui qu'autant que les affaires l'occupent. Elle a tâché de se perfectionner dans la peinture pour s'essayer à faire elle-même le portrait de son époux. L'Empereur paraît glorieux d'inspirer tant d'amour. Les autres souhaiteraient qu'elle joignît à ses vertus domestiques plus d'aisance dans la représentation et plus d'aménité les jours de cercle. Le souvenir et l'exemple de sa devancière n'est pas à son avantage.

On ne croit plus qu'elle soit de nouveau enceinte; on la voit faire d'assez longues courses à cheval, au pas ou au galop[1].

Je crois qu'il est question d'un voyage de Madame à Cassel, lorsqu'elle sera à Aix-la-Chapelle. On suppose que le roi Louis pourrait s'y rendre aussi de Gratz. On a prétendu que M. Lucien a fait demander grâce à l'Empereur pour lui, mais il n'y a aucun effet possible de cette réconciliation (on vient de m'assurer que, dans une dispute, M. Lucien, ayant battu un Anglais, a eu à se plaindre de la rudesse de la législation anglaise).

Une nouvelle qui paraît plus positive, c'est le projet de la création d'un nouveau ministère pour le commerce, qui dépouillerait le ministère de l'Intérieur d'une grande partie de ses attributions. On a fait la remarque maligne qu'un pareil ministère n'a existé que dans les gouvernements qui n'ont pas de commerce; c'est probablement dans le même esprit que l'on nomme le comte Collin de Sussy pour cette place. D'autres y appellent le comte Chaptal; de cette manière le ministère de l'Intérieur tomberait en lambeaux et la médiocrité de M. de Montalivet pourrait suffire à sa besogne. Les opérations de ce ministère se sont trouvées arriérées de neuf mois. Le duc de Bassano a voulu porter M. Benoist au secrétariat général; M. de Montalivet s'y est opposé. Le ministre n'est pas fort porté pour M. Capelle.

Un adjoint du maire de Livourne, qui ne comprend pas bien le français, crut que le ministre, qui lui offrait du café après le dîner, lui nommait Capelle et témoigna beaucoup de regret de l'avoir perdu. M. de Montalivet répondit brusquement : « Vous avez M. Goyon qui vaut bien l'autre. »

Remarques sur le discours du ministre de l'Intérieur, lu à la séance du Corps législatif le 29 juin. — Le silence du ministre de l'Intérieur aurait moins inquiété le public que son discours au Corps législatif. La nouvelle étendue donnée à l'Empire en dépouillant un roi et un frère de tous ses États, en ôtant à un autre une partie des siens et en s'emparant de la souveraineté de l'empereur de Russie[2],

---

1. Il existe au musée de Sèvres une tasse avec peinture contemporaine très curieuse représentant l'Impératrice-Reine en amazone faisant sa promenade à cheval dans le parc de Saint-Cloud. Le sujet est de Jean-François Robert, peintre attaché à la manufacture.

2. Triple allusion aux sénatus-consultes qui prononçaient la réunion au ter-

qui lui avait été garantie à Erfurt, est envisagée comme un nouvel empêchement à la paix maritime et une source de guerres continentales. On remarque assez généralement que la réunion de peuples, de mœurs, d'habitudes et de langages différents aux anciens États de la France n'augmente point le nombre des vrais Français et jette entre eux des germes de discorde qui prépareront des guerres intestines pour un autre règne. On a aperçu de l'humeur et du mécontentement dans plusieurs phrases de l'article sur la religion, et si l'on croyait utile de ménager encore la susceptibilité des « consciences timorées » dont on a parlé, l'on aurait désiré que fût supprimée cette expression qui prélude sur le protestantisme : « Le Concile décidera si la France sera comme l'Allemagne sans épiscopat. »

L'article de l'administration, qui, dans d'autres années, présentait le tableau de la prospérité nationale, a dû garder le silence sur la fâcheuse situation des villes maritimes et manufacturières et sur le dépérissement des pays de vignes, ainsi que sur l'excessive augmentation du prix d'un journalier dans les départements où la conscription a enlevé plus que dans d'autres ou fait déserter la jeunesse.

Les retards qu'éprouve partout l'organisation des lycées et l'attitude purement militaire que l'on va donner à l'éducation publique font dire aux mauvaises langues que l'Empereur ne veut pas des Athéniens qui raisonnent, mais des Spartiates qui obéissent.

Le comte de Fontanes ne paraît pas content des dispositions du Gouvernement en faveur de l'instruction publique : il a l'air de s'en laver les mains et de s'en consoler avec des livres et des amis. Les membres de l'Institut se sont trouvés humiliés de n'être cités que pour remplacer l'indigo et le sucre de cannes ; ils sentent que leur règne est passé. — L'article des travaux publics, le plus étendu de tous dans cet exposé, en est aussi le plus brillant.

Quand même tout ce que le Gouvernement y annonce ne serait point exécuté dans cette année, ce que l'on fait est immense et doit avoir en grande partie de grands et utiles résultats. On regrette seulement que les travaux de Paris et des palais, ainsi que ceux des villes des départements qui sont portés à 48,207,830 francs (6,125,997 francs au delà de ceux de 1810), soient une suite et une preuve du désœuvrement des habitants des villes commerçantes et manufacturières.

Ces travaux, qui ne donnent du pain qu'à une certaine classe d'ouvriers, rehaussent en même temps la main-d'œuvre et là où le Gouvernement fait bâtir il en coûte un cinquième de plus qu'autrefois, et malgré ces grands et généreux efforts du Gouvernement pour assurer

---

ritoire français : en juillet 1810 du royaume de Hollande après l'abdication du roi Louis ; le 18 février 1811 d'une partie du Hanovre naguère cédé à Jérôme de Westphalie, en l'espèce de tout un département westphalien ; enfin du duché d'Oldenbourg. Le prince dépossédé de ce dernier duché était le beau-frère du tzar. D'autre part, Napoléon avait encore réuni Lubeck (département des Bouches-de-l'Elbe), ce qui lui donnait la prépondérance sur la Baltique, au détriment de la Russie et de sa politique traditionnelle.

la subsistance aux ouvriers sans travail, on est fort inquiet dans les départements pour l'hiver.

Mais deux articles de cet exposé ont surtout frappé d'étonnement et fait naître des réflexions peu consolantes. Lorsqu'un ministre (art. Marine) peut, à la face de l'Europe, accuser un roi, beau-frère de l'Empereur, d'avoir manqué à une des conditions du traité qui lui a donné la couronne de Naples et qu'il somme son gouvernement « de réparer cette négligence », ce roi doit se croire bien prêt de descendre du trône.

Les 400,000 soldats et les 50,000 chevaux prêts à se porter « là où les droits de la France pourraient se trouver menacés » établissent un état de guerre sourde avec la Russie, qui tôt ou tard devra éclater. Quant à la paix avec l'Angleterre, le système du cabinet de Saint-Cloud s'est montré tout entier dans la déclaration que la France peut s'en passer encore pour dix ans, et qu'elle ne lui conviendra que lorsqu'une marine de 150 vaisseaux en pourra garantir la stabilité. Cet aveu doit avoir fait un grand effet dans les provinces de l'Empire, et s'il n'a pas fait d'effet sur les fonds publics, c'est que la caisse d'escompte, *riche en capitaux inactifs*, les a soutenus, en achetant pour son compte.

XXXV.

Paris, ce 7 juillet 1811.

Madame,

Les ordres contenus dans la note du 27 juin au sujet de Mme Fauchet dirigeront ma conduite à l'égard de son voyage, mais sans le motif qui fait différer son départ, et lui donneront[1] peut-être les moyens de se faire payer par ses fermiers ; le manque d'argent l'aurait arrêtée ici.

Quelques journaux avaient répandu qu'aujourd'hui S. M. recevrait à Saint-Cloud les prélats appelés au Concile national. Nous avons appris hier au soir que cette présentation est ajournée. La députation du Sénat de Milan a reçu par le comte Paradisi[2] l'avis qu'elle peut s'en retourner chez elle, sans attendre l'audience de congé, S. M. se réservant à recevoir les sénateurs qui la composent à son premier voyage en Italie.

Tous les maires de bonnes villes venus à Paris pour assister au baptême du roi de Rome qui n'avaient pas encore la décoration de la Légion d'honneur l'ont reçue à cette occasion. Ceux qui l'avaient déjà ont obtenu le grade et la croix d'officier ou le titre de baron. Il y a eu aussi des promotions dans le Sénat et dans le Conseil d'État.

On m'assure que le prince Corsini et le conseiller d'État son frère ont eu la croix d'officier de la Légion d'honneur. Ce dernier surtout

---

1. Il y a « donnera » dans le texte.
2. Jean Paradisi (de Reggio), ancien député à la Consulte de Lyon et président du Sénat. Créé comte et grand dignitaire de la Couronne de fer par Napoléon. Le musée de Reggio d'Émilie, sa ville natale, conserve son portrait et maint objet précieux lui ayant appartenu.

acquiert tous les jours plus de considération et d'estime près du gouvernement. M. de Prié ayant introduit l'ambassadeur d'Autriche chez le roi de Rome, lorsqu'on lui apporta le cordon de l'ordre de Saint-Étienne, a reçu la petite croix de la Couronne de fer.

S. M. l'Empereur chassa hier le cerf dans la forêt de Saint-Germain. On calcule qu'il a fait trente-deux lieues à cheval. Il dîna à la Muette[1] et fut de retour à Saint-Cloud à dix heures du soir. — Je rencontrai hier chez le prince archichancelier M. Lagarde, qui a été commissaire général de police à Venise et à Lisbonne. On le croit ici destiné à aller remplacer à Florence M. Dubois[2].

La mort du poète Esmenard[3], par suite de sa chute, a excité les regrets chez ceux qui admiraient en lui un des derniers écrivains en vers de la bonne école. Il laisse des dettes criardes, une famille dans la misère et le souvenir d'un caractère plus qu'équivoque.

Aujourd'hui, après la messe de Saint-Cloud, nous aurons l'honneur, M. Matteucci et moi, de faire notre Cour à S. M. l'impératrice Marie-Louise.

Je suis, avec respect, Madame, etc.

XXXVI.

Paris, ce 9 juillet 1811.

Madame,

L'accueil que S. M. l'Impératrice Reine daigna faire à M. Matteucci et à moi, reçus seuls et séparément l'un de l'autre, et l'intérêt qu'elle témoigna prendre à la santé de V. A. I. et à la cause qui l'avait altérée, les détails dans lesquels elle entra sur la beauté et l'esprit précoce de Mme Napoléon nous ont amplement dédommagés de l'attente où nous étions demeurés au moment de remplir le dernier acte de notre mission. L'étiquette qui borne aux dimanches les jours d'audience de cette souveraine et qui l'astreint à recevoir séparément chaque personne qui a l'honneur de lui être présentée pour la première fois a nécessairement retardé de beaucoup les nombreuses présentations que la naissance du roi de Rome et les cérémonies du baptême ont amenées. S. M. I. doit en avoir été très fatiguée. Cependant, l'affabilité de ses manières ne le laisse point apercevoir. Elle se porte à merveille.

---

1. Petit château ou rendez-vous de chasse meublé par le garde-meuble de la Couronne, situé au milieu de la forêt de Saint-Germain. Cette dernière, comme chasse impériale, avait toutes ses issues fermées par des portes ou des grilles.

2. Lagarde fut en effet envoyé à Florence dans les dernières années du règne. Consulter à ce propos le titre V du décret impérial du 24 février 1808, réglant l'institution des directeurs généraux de police dans les départements au delà des Alpes.

3. L'auteur du poème de *la Navigation* mourut le 25 juin-1811 de blessures reçues lorsque, ses chevaux s'étant emportés dans une descente rapide, près de Fondi (Italie), Esmenard avait été projeté contre un rocher.

Je me suis empressé de recueillir les articles du règlement provisoire de la Maison de l'Empereur pour les officiers d'ordonnance et les maréchaux des logis. Je les dois à la complaisance de M. le comte de Ségur et, comme il va paraître bientôt un règlement spécial sur les officiers d'ordonnance, M. de Ségur, qui me charge de mettre aux pieds de V. A. I. l'hommage de son respect, aura soin de le lui adresser dès qu'il sera connu. — On y a ajouté le règlement des maréchaux de logis, parce que l'on a pensé que, dans une Cour moins nombreuse, les deux services pourraient se fondre ensemble. A Saint-Cloud, j'ai vu les maréchaux de logis faire les fonctions que l'adjudant du palais fait à Florence. A la grande parade, les officiers d'ordonnance se tenaient à cheval à portée de recevoir les ordres de l'Empereur et de les porter aux chefs des différents corps qui devaient manœuvrer.

Le chevalier Anglès me remit avant-hier, après le départ de ma très humble dépêche, la note ci-jointe sur Mme Mendouze[1] et sa famille.

Les nouvelles officielles des armées d'Espagne et de Portugal attestent à la fois et la rigueur avec laquelle les généraux français poursuivent et repoussent partout les opérations de la guerre, et les grands moyens que S. M. I. emploie pour en hâter la fin. De toutes parts s'y dirigent de nouvelles troupes. La retraite précipitée du général anglais de devant Badajoz nous prépare à des coups décisifs sur le Tage.

Depuis quelques jours, on assure que les Pères du Concile ont demandé et obtenu de S. M. l'Empereur la permission d'envoyer au Pape une députation de cardinaux et prélats, tirée de leur sein, qui porterait au Saint-Père des moyens de conciliation ou la détermination du Concile de pourvoir autrement aux besoins des églises de France, d'Italie et des États de la Confédération du Rhin.

Je suis, avec respect, etc.

XXXVII.

Paris, ce 11 juillet 1811.

Madame,

Hier, au lever, S. M. l'Empereur annonça son intention d'aller passer quelques jours à Trianon. En effet, après le Conseil des ministres, LL. MM. allèrent y dîner. Comme dans les petits voyages il n'y a ni lever, ni audiences, celles que le grand chambellan avait obtenues pour des congés et qui auraient eu lieu dans le courant de la semaine sont ajournées jusqu'au retour de la Cour à Saint-Cloud.

M. Matteucci, qui avait donné ses dispositions pour partir d'ici samedi, en est très affligé, mais M. le comte de Montesquiou, qui avait arrangé l'audience pour demain, nous dit hier au soir qu'il fallait attendre la fin du voyage et que, le lendemain du retour de S. M.,

---

1. Cette note manque dans nos papiers.

la chose n'aurait plus d'obstacle. Ce délai donnera au ministre de V. A. I. le temps d'achever la petite négociation avec le comte de Lavalette.

Toutes les personnes de la famille impériale ont quitté Paris. Avant-hier, le prince vice-roi prit avec la reine Hortense, sa sœur, le chemin de la Savoie et de l'Italie ; la Reine restera aux bains d'Aix. Les princes, ses fils, doivent aller habiter une maison à Saint-Cloud. La santé de l'aîné a surtout grand besoin de ménagements. Leur médecin prétend qu'on le fatigue par une trop forte application. Il partage entièrement les vues et les principes que V. A. I. a adoptés pour l'éducation de Mme Napoléon.

Madame, mère de l'Empereur et Roi, quitta hier au matin Paris pour coucher à Cambrai et aller à Aix-la-Chapelle. S. M. l'impératrice Joséphine a quitté de même la Malmaison ; elle va passer le reste de l'été et l'automne à son château de Navarre, qu'une bâtisse bien entendue a rendu plus commode.

Les retards qu'ont éprouvés nos premières audiences auprès de S. M. l'impératrice Marie-Louise nous ont empêchés, ainsi que beaucoup d'autres étrangers, de nous présenter à la Cour de la Malmaison. Mme la comtesse d'Arberg a été la dépositaire et l'interprète de nos désirs et de nos regrets à cet égard.

La santé du roi de Rome est parfaite : on avait préparé au petit Trianon un logement pour S. M. et sa Cour, et je crois qu'il va l'occuper pendant ce voyage. Ces jours passés, il y avait encore beaucoup d'ouvriers dans le jardin de cette jolie habitation. On a rétabli le hameau, on le remeuble ; après vingt ans, on a rendu les eaux aux canaux qui le parcourent.

Je suis, avec respect, Madame, etc.

XXXVIII.

Paris, ce 13 juillet 1811.

Madame,

M. Soalhat[1] étant allé droit à Trianon porter à S. M. l'Empereur les dépêches dont il était chargé et ayant été retenu dans cet endroit jusqu'au soir, je reçus hier, peu avant minuit, les ordres du 6 juillet que V. A. I. et R. lui avait donnés pour moi. M. Matteucci va dès aujourd'hui faire les démarches qui lui sont prescrites pour se rendre à son poste le plus tôt possible. Il compte partir d'ici après-demain matin.

---

1. M. Charles-Claude Soalhat, chevalier de la Légion, capitaine, aide de camp de S. A. I. le prince Félix. Né le 4 mars 1782 à Riom, Soalhat appartenait au corps du génie. L'année suivante (1812), le 27 janvier, il fut attaché à l'État-major général de la Grande-Armée et fit la campagne de Russie, pendant laquelle il disparut. Il fut le correspondant du prince Félix et de la grande-duchesse pendant cette guerre. Voir *Lettres interceptées par les Russes en 1812*, 1 vol. gr. in-8°, Paris, 1913 (édition de la Sabretache).

Il se chargera de celles des commissions de V. A. qui sont les plus pressées et dont il ne m'était pas possible de m'acquitter plus tôt.

Dès que M. Anglès a pu se procurer les renseignements que je lui avais demandés, d'après vos ordres, Madame, je les ai fait passer à Florence avec deux remarques de ma part. L'obscurité de l'origine a rendu moins prompt l'examen de la conduite passée. Après le mariage, il n'y a eu rien à reprendre à celle des deux sœurs que je connais. On se procurera plus de détails sur l'autre. Je fais passer par l'estafette une très petite boîte cachetée que M. Castel m'a remise. J'aurai soin de M. Soalhat. Il désirerait pouvoir parler lui-même à S. M. l'Empereur, ce qui ne lui a pas été possible d'obtenir hier dans les dix heures qu'il a passées à Trianon, où il a conféré et travaillé lui-même avec deux officiers de la suite de ce monarque.

M. Matteucci et moi nous avons lieu d'être très satisfaits de l'accueil que nous avons reçu à la Cour et en ville. Je continue à me présenter régulièrement aux assemblées des grands dignitaires et des ministres et l'honneur d'être attaché à la Cour de V. A. I., qui me rend étranger à toute affaire politique, m'y fait retrouver prévenances, égards et amitié.

A la fin du petit voyage actuel, dont le terme est inconnu, M. le grand chambellan se chargera de me procurer une audience de congé de S. M. I. Après avoir attendu quelques jours ou mon fils ou sa réponse, qui sera ici vers la fin du mois, je reprendrai la route de la Toscane, très heureux de n'avoir pas déplu ici et dans l'espoir de n'avoir pas entièrement mécontenté V. A. I.

Le 11 au soir, le Concile national a été dissous. Les évêques qui le composaient s'attendent à recevoir la permission de s'en retourner dans leurs diocèses.

Quelques jours avant le départ de Madame pour Aix-la-Chapelle, S. M. l'Empereur lui fit l'agréable surprise de mettre à sa disposition dans le château de Meudon un pavillon et tous les bâtiments de service réparés et meublés à neuf. Madame a été le voir et l'on suppose dans sa Cour qu'au retour des eaux elle ira y passer quelques semaines. Mme de Fontanges[1] et M. et Mme d'Estèves[2] l'ont accompagnée à Aix-la-Chapelle.

Je suis, avec respect, Madame, etc.

XXXIX.

Paris, ce 15 juillet 1811.

Madame,

M. Matteucci a été dans le cas de différer d'un jour son départ d'ici pour finir avec le comte de Lavalette la petite négociation entamée

---

1. Sa dame d'honneur.
2. Son chambellan et une de ses dames pour accompagner.

avec lui et recevoir de M. le duc de Bassano les lettres dont ce ministre veut le charger. — Le projet de loi pour l'abolition du droit d'aubaine est devant le Conseil d'État et ne tardera plus guère à être converti en décret; ainsi tout ce qui a motivé notre envoi ici semble avoir atteint son but.

Le voyage de Trianon ne devant pas être de longue durée, j'espère qu'avant le départ de la Cour pour Compiègne, qui, probablement, suivra de près le retour de LL. MM. à Saint-Cloud, je pourrai recevoir mon audience de congé de S. M. I. — Hier, il y a eu un concert à Trianon : peu de monde y était invité. Le prince Corsini était de ce nombre. Le prince et la princesse de Neuchâtel sont du voyage. Le comte de Brignoles y fait son service. — Depuis quelques jours, l'été reparaît et les chaleurs sont assez fortes. Cela favorise les récoltes qui commençaient à souffrir des longues pluies; ayant remis à M. Matteucci tous les détails de la commission que V. A. I. avait daigné me confier, il ne me reste aujourd'hui qu'à mettre à ses pieds le profond respect avec lequel je suis, Madame, etc...

P.-S., le 16 juillet. — J'allais faire partir hier ma dépêche, lorsque je reçus les ordres de V. A. I. du 8 juillet et les incluses dont je signerai ce matin la remise. Je communiquerai à M. le duc de Rovigo et au comte Regnauld la lettre du préfet de Bordeaux qui rend à Mme Cavaignac la justice qui lui est due. Cette dame a eu connaissance du motif de retard qu'éprouve son départ et en a été desolée.

M. Soalhat a été appelé hier à Trianon pour avoir une seconde conférence avec le secrétaire du cabinet de S. M. I. Il m'a remis l'incluse pour Mgr [1].

Dimanche passé, le concert de la Cour fut contremandé; les eaux du parc de Versailles jouaient. LL. MM. se promenèrent en calèche dans ce vaste jardin au milieu d'une foule innombrable. M. Matteucci n'attend que le passeport pour entrer en voiture.

Notes sur M. Lagarde. — Le choix de M. Lagarde pour remplacer M. Dubois dans la direction générale de la police à Florence est tout du duc de Rovigo. Ce ministre n'a pas été fâché que M. Dubois ait demandé à sortir d'une carrière pour laquelle il avait pris du dégoût et qu'il remplissait avec nonchalance, à ce qui est échappé même au chevalier Anglès. Cependant, je ne crois pas que celui-ci soit disposé à se féliciter du choix que l'on vient de faire pour la place de Florence.

M. Lagarde, avant le 18 brumaire, était lié avec les entours de Barras et faisait ce que l'on appelait alors des affaires avec eux et par eux. Je le connus à mon arrivée à Paris en octobre 1800. Il avait donné des nouvelles à mon prédécesseur; il rendit quelques services à des sujets prussiens au Conseil des Prises et fit quelques spéculations de commerce avec le Conseil de Prusse qui était lié avec lui. Je le soupçonnai un agent secret de police, et en effet il devint secrétaire particulier du

---

1. S. A. I. le prince Félix.

maréchal Moncey pour la partie de la police de la gendarmerie. Cette place doit l'avoir mis en rapport avec le général Savary, qui eut alors le commandement de la gendarmerie d'élite; il fut connu par le sénateur Fouché, qui, en 1806, lui confia la direction de la police des États vénitiens et des côtes de l'Adriatique avec un grand traitement et beaucoup d'autorité. Je l'y trouvai en 1807 à mon retour de Kœnisberg par Vienne et j'en fus bien accueilli, grâce au passeport en règle du prince de Bénévent[1].

De Venise, M. Lagarde passa à la direction de police de Lisbonne, où il resta jusqu'à ce que le sort des armes l'en fit sortir. Il s'est tenu depuis près des frontières du Portugal et n'est de retour à Paris que depuis peu. Doué de talents, d'une imagination vive, d'un caractère ardent et de beaucoup de sagacité, M. Lagarde veut faire fortune et n'a pas été jusqu'ici toujours très difficile sur les moyens d'y parvenir. Aimant les femmes et la dépense, il a toujours cherché à se procurer de l'argent; désirant se rendre utile à ses chefs, il est à croire que rien ne lui paraîtra à négliger pour satisfaire la curiosité du ministre de la police générale.

Je lui connais toutefois trop de jugement pour ne pas croire qu'il ne sache subordonner ses recherches et ses rapports aux avis que S. A. I. voudra bien lui donner. Quelques semaines suffiront pour qu'on le place à la Cour et dans le travail avec Mme la grande-duchesse, de la manière convenable au service de l'Empereur et au repos de la Toscane. Cependant, j'ai pensé qu'il ne serait pas tout à fait inutile de mettre sous les yeux de S. A. R. ces notes au sujet de M. de Lagarde.

La Cour de Vienne a fini il y a un mois de payer les contributions de guerre avec 12 millions de francs en numéraire. Cette émission a causé la nouvelle chute qu'ont éprouvée les papiers d'état de cette monarchie. Il se trouve donc démenti le conte que l'on fit à l'occasion du mariage de l'archiduchesse, d'une remise de 50 millions de francs sur la totalité des contributions stipulées par le traité de Vienne. Ce qui est bien sûr, c'est que le trésor particulier de l'Empereur est immense et que l'hôtel des Monnaies travaille à l'augmenter[2].

XL.

Ce 15 juillet 1811. Suède.

Le prince royal est en rupture ouverte avec Alquier, ministre de l'Empereur. Ce que le cabinet de Saint-Cloud exige de ce prince et la répugnance qu'on manifeste à remplir les promesses de secours d'ar-

---

1. Lucchésini était un intime de Talleyrand. Durant son ambassade de Paris, il était un des familiers de l'hôtel et de la bibliothèque du prince de Bénévent, rue d'Anjou.

2. Ce trésor était placé dans les caves de la nouvelle aile Napoléon aux Tuileries, que Fontaine finissait alors de construire, en bordure de la nouvelle partie de la rue de Rivoli.

gent et d'avantages commerciaux faites par la bouche de ce prince à la Nation suédoise ont amené de vives discussions entre eux. On compte si peu sur sa coopération dans une guerre contre la Russie que l'on pourrait bien avoir fait connaître à Charles XIII, entièrement soumis à Napoléon, que si le prince royal le gênait dans ses vues à cet égard *on n'aurait qu'à le renvoyer*. Si la mort n'enlève pas bientôt ce roi à la Suède, je ne me rendrais pas garant des jours du prince royal.

XLI.

Paris, ce 16 juillet 1811.

Madame,

Les ordres les plus positifs que S. M. le roi de Westphalie m'avait laissés de ne confier qu'à l'un de nous deux la lettre qu'il écrivait à V. A. I. et R. peu d'instants avant son départ de Paris vont enfin s'accomplir. M. Matteucci aura l'honneur de vous remettre, Madame, cette lettre et ma très humble dépêche d'aujourd'hui.

Lorsque S. M. me chargea d'écrire en son nom à V. A. I. sur les obstacles qu'avait rencontrés auprès de l'Empereur le projet du voyage à Paris, le Roi me prescrivit les phrases que je devais y employer et me défendit d'en expliquer le sens autrement que de vive voix ou par une lettre à remettre à M. Matteucci. Je n'ai ni voulu, ni pu m'écarter de ces prescriptions, ne devant rien abandonner au hasard dans des communications de cette importance. Si S. M. a eu le temps de consigner dans sa lettre tout ce qu'elle m'a cru digne d'apprendre sur ses rapports personnels et ceux de toute la famille impériale avec l'empereur Napoléon, les détails dans lesquels je pourrais entrer n'auraient qu'un faible intérêt.

V. A. verra que, pour colorer la dureté d'un refus que rien ne justifie, l'Empereur a pris en public le prétexte que le voyage projeté vous aurait fait arriver à Paris, Madame, lorsque toute la famille allait se disperser.

La jalousie qu'il a manifestée pour l'intimité qui règne entre le roi Jérôme et V. A. I. ne saurait s'expliquer, si malheureusement ses traitements envers ses frères et sœurs, ainsi qu'envers Madame, ne lui fissent soupçonner une ligne tacite cimentée entre eux par le mécontentement, les craintes et les humiliations dont l'on est ou atteint ou menacé. De là, cette répugnance à favoriser leur réunion et la plainte portée au roi de Westphalie que c'était pour ce frère chéri que V. A. avait voulu venir à Paris et non pas pour soigner sa santé et se rapprocher de S. M. l'Empereur.

Les récriminations sur le trop prompt départ de l'année passée, les assurances (qu'il est permis de révoquer en doute) que, si vous étiez restée pour le voyage de Fontainebleau, Madame, il vous aurait accordé au lieu de 400,000 francs 600,000 francs, ont été répétées à satiété.

Je ne m'essayerai pas à exprimer les sentiments et les dispositions dans lesquelles le roi Jérôme et son auguste frère Joseph ont quitté le chef de la famille impériale. Ce que je dois en dire un jour à V. A. I. par les ordres du premier ne saurait se confier au papier.

Un an d'absence, la succession établie au ministre de police qui a porté dans sa place la subordination d'un ancien aide de camp; un successeur au duc de Cadore, sans autorité et sans vues propres, qui n'a jamais été qu'un rédacteur de gazettes ou une machine à décrets, tout cela m'a présenté le pouvoir absolu, ne rencontrant plus de résistance, ni morale, ni physique et pouvant tout ce qu'il veut prêt à vouloir faire tout ce qu'il peut. Aussi, il n'est plus temps de se demander s'il voudra faire la réunion de l'Italie à la France, mais quand il croira convenable de l'opérer.

Sans la perspective de la guerre dans le Nord, le roi de Westphalie n'occuperait plus son trône. Le roi de Naples aurait voulu soumettre à certaines obligations les Français qui aspirent au privilège de citoyens napolitains. L'Empereur lui a ôté le commandement des troupes françaises dans son royaume et va faire publier un décret pris dans son conseil qui déclare Français tous les citoyens nés dans les pays soumis à des princes français. Durand[1] a eu à Naples une forte prise avec S. M. ayant séparé sa personne d'avec son caractère public et soutenu celui-ci avec une extrême vigueur. L'Empereur lui en a témoigné sa satisfaction. Voilà des souverains qui doivent envier la situation de V. A. I.

Madame est partie d'ici avec le projet d'aller voir le roi de Westphalie à Cassel. On m'a dit qu'il serait possible que le roi Louis s'y trouvât en même temps. Mais je ne tiens pas cette nouvelle de source.
— Notre mission a eu dans le commencement la défaveur d'avoir paru à l'Empereur un peu tardive. Cependant, ce reproche ne fut pas articulé le 15 mai à mon arrivée à Paris : l'Empereur était à Rambouillet. Au retour de Cherbourg, au moment où il refusait au roi Jérôme son agrément pour le voyage de V. A. I., il trouva que nous étions arrivés un peu tard ; de là les délais des audiences, inconvénient que tant de personnes et une entière députation des villes anséatiques, venues au commencement d'avril, ont partagé avec nous. D'ailleurs, et la forme de l'audience et l'accueil de S. M. I. et les procédés des ministres envers nous ont été absolument les mêmes que ceux des autres personnes envoyées pour la même occasion. Tous les envoyés ont été admis hors des formes diplomatiques.

Cela n'a pas empêché M. Matteucci de traiter d'affaires, comme ministre de Lucques, avec le ministère impérial. Cette remarque me paraît décisive pour une nouvelle reconnaissance de la souveraineté des princes de Lucques et de Piombino.

Quant à la prolongation de mon séjour ici, après le départ de M. Matteucci et même après mes audiences de congé que le voyage

---

1. Le baron Durand, ministre de France à Naples.

de Compiègne m'engage à prendre dans peu, j'avais bien sondé le terrain et chez le duc de Bassano et, par le chevalier Anglès, chez le ministre de la police, et j'avais été assuré que je ne risquais d'exciter les moindres soupçons en attendant mon fils ici jusqu'aux premiers jours d'août. Car je crois bien remplir ses vues en quittant Paris, ou seul ou avec Maurice, entre le 1er et le 4 du mois prochain. Mon désir de mener ce fils avec moi est aussi vif que ma reconnaissance est sans bornes pour les intentions bienveillantes que V. A. I. a daigné concevoir en sa faveur.

M. de Talleyrand a été dix jours à Saint-Germain avec la duchesse de Courlande : n'ayant pas eu les entrées particulières pendant le dernier séjour à Saint-Cloud, et n'étant pas du voyage de Trianon, il revient ce soir à Paris. Je lui parlerai du choix d'un secrétaire des commandements pour V. A. I., après avoir demandé au duc de Bassano une réponse définitive au sujet du sieur Benoist que ce ministre protège et n'a pas encore pu placer, comme ses talents le méritent.

M. Artaud, bon littérateur et plein de sagacité, ne paraît pas instruit du tout dans l'administration intérieure et passe pour un homme difficile à vivre à la Cour. V. A. I. peut compter sur mon zèle dans cette dernière commission. Je n'ai qu'un mot à ajouter sur Mme Mendouze. Si sa conduite après le mariage peut effacer les torts d'une mauvaise éducation, son origine, la faute de sa sœur, aujourd'hui honnête femme, mais peu fortunée, et l'état de misère où sa mère se trouve semblent lui défendre de sortir des emplois inférieurs et subalternes de la Cour, surtout aujourd'hui que les rangs sont plus marqués que jamais dans celle de la famille impériale et que la bienveillance et la faveur n'ont pas d'accès aux salons de service et dans les appartements d'honneur. J'ai, en attendant, demandé les renseignements que la lettre de V. A. I. du 6 juillet m'enjoint de prendre encore sur elle.

Outre la dépêche du roi de Westphalie, je m'empresse de faire repasser entre les mains de V. A. I. celle qu'elle nous avait donnée pour S. M. le roi de Naples et que son séjour à Rambouillet et son départ précipité nous empêchèrent de lui remettre ici. — Je finis par réclamer, Madame, votre indulgence pour l'expédition volumineuse d'aujourd'hui. L'occasion a aiguillonné mon zèle à y réussir ; [c'est] le résultat des recherches que j'ai faites, sans jamais communiquer avec aucun membre de corps diplomatique ; j'ose espérer que V. A. I. ne jugera pas à propos d'en faire connaître la source à personne.

Je suis, avec respect, Madame, etc.

XLII.

Paris, 18 juillet 1811.

Madame,

Le duc de Bassano ayant envoyé hier sur les quatre heures de l'après-midi à M. Matteucci le passeport et la lettre qu'il lui avait promise, le ministre de Lucques partit de Paris avant sept heures, prenant la route de Genève et du Simplon. Il espère être aux pieds de V. A. I. et R. le onzième jour après son départ. Il avait terminé la veille (sauf votre auguste approbation, Madame) sa petite négociation avec le directeur général des postes de l'Empire.

Je demandai avant-hier à M. le duc de Rovigo un moment d'entretien pour m'acquitter des ordres que V. A. I. m'avait donnés pour lui. Ce ministre ayant été la journée d'hier à Trianon, je suppose que je pourrai le voir entre aujourd'hui et demain. J'ai pu remplir plus promptement ceux qui me parvinrent hier au soir au sujet du sieur Mendouze. Je lui écrivis de suite de passer chez moi. Il y est venu ce matin et m'a paru très agréablement surpris de l'avis que V. A. I. m'avait chargé de lui donner. Il m'a dit que ses apprêts de voyage n'exigeaient que peu d'instants, qu'il s'empresserait de se rendre au poste que Votre Altesse lui destine et qu'il ne ferait que prendre congé de M. le duc de Bassano, de qui cependant il ne pouvait pas espérer de sitôt l'emploi nécessaire à son existence à Paris. Devant se charger d'une lettre de ma part, M. Mendouze ne pourra pas mettre de délais à son départ.

Le peintre Gérard a enfin remis, roulé sur un cylindre de bois, le portrait de S. M. le roi de Westphalie, sur lequel Morghen devra exercer la lenteur de son excellent burin. Je l'ai fait emballer soigneusement et recommander très particulièrement au courrier auquel il vient d'être confié. Les caisses pour le grand portrait de V. A. I. et pour les deux copies de ceux du roi et de la reine de Westphalie sont prêtes à recevoir ces beaux ouvrages. On va les goudronner, les emballer et les faire partir par la voie de terre pour Florence. M. Gérard désire qu'avant de donner à Morghen celui qui est destiné à être gravé, M. Benvenuti[1] veuille le dérouler et y mettre le vernis. Je vais chercher le peintre Saint[2] et lui donner la commission des trois copies que V. A. I. vient m'ordonner de lui demander. J'espère que le 14 elle aura reçu l'argent pour broder[3]. Je désire que cette commission ait satisfait V. A.

Mme Fauchet, ayant enfin terminé ses affaires à Paris, m'a dit ce matin qu'elle se proposait de partir dans six jours pour Florence; elle paraissait désirer que je lui écrivisse un avis là-dessus. Je lui ai répondu que je n'avais aucun ordre relatif à ce qui eût pu hâter ou retarder son départ en faveur de Mme la baronne de Cavaignac. Je crois que, pour ne pas faire toute seule avec son petit bossu de coiffeur le voyage de Florence, elle se fera accompagner par le secrétaire général de la préfecture de l'Arno.

La Cour est toujours à Trianon; le prince Borghèse est aussi du voyage. Les ducs de Frioul et de Vicence et les dames d'honneur et

---

1. Sur Benvenuti, le David de Florence à l'époque impériale, voir notre ouvrage déjà cité, *les Arts en Toscane sous Napoléon.*
2. Célèbre miniaturiste de l'Empire, émule d'Isabey, d'Aubry et d'Augustin.
3. C'est-à-dire les lames d'argent à introduire dans l'étoffe.

d'atours y sont de droit. Le reste du service est nommé par S. M., d'après ce que le comte de Ségur, qui n'en est pas, vient de me dire.

Je suis, avec respect, Madame, etc.

XLIII.

Paris, ce 20 juillet 1811.

Madame,

La seule difficulté qu'opposait M. Mendouze à l'exécution immédiate des ordres de V. A. I. et R. qui le concernent venait du manque d'argent et de crédit pour partir. L'annonce d'une place à Lucques lui en a procuré les moyens, et, hier au matin, il m'assura qu'ayant trouvé un compagnon de voyage jusqu'à Plaisance, il partirait demain au soir. J'ai engagé M. Soalhat, qui est assez lié avec lui, de le presser de se rendre aux ordres de V. A. I. Cependant, la correspondance de sa femme l'a rendu inquiet : « Vous verrez », dit-il, « qu'elle est disgraciée et qu'on m'appelle à Lucques pour me la rendre. » Il laisse à sa belle-mère son logement ici : l'équipement de son beau-frère, devenu officier de chasseurs, lui a fait contracter quelques petites dettes. Le mari de sa belle-sœur est toujours dans le commerce. Il vit bien avec sa femme; le beau-père, ancien agent de change, qui avait manqué à la suite de la faillite de la maison Monneron, n'écrit plus à personne depuis près de deux ans. Il est toujours à Naples.

M. Soalhat, qui m'a remis une dépêche pour V. A. I., compte remettre demain au secrétaire de S. M. l'Empereur le travail qu'on lui a demandé. Il voudrait être lui-même le porteur en Toscane des déterminations du souverain, ce qui pourrait prolonger son séjour à Paris. Je l'ai présenté à M. et à Mme de La Place[1], qui lui proposeront de venir un de ces jours dîner chez eux à Arcueil. Si avant mon départ il veut l'être de même à Mgr l'archichancelier, je me ferai un devoir de l'y introduire.

Le prince de Bénévent passe l'été à Saint-Germain, et revenant en ville une fois par semaine, il n'y reçoit que ses anciens amis. — La Cour est encore à Trianon; on avait cru que LL. MM. pourraient retourner aujourd'hui à Saint-Cloud et l'on supposait que demain serait présentée à S. M. le roi de Rome la députation des vingt-cinq membres du Corps législatif qui a demandé à lui offrir l'hommage de tout le Corps; mais, si le temps excessivement humide et les fortes pluies d'orage n'ont pas porté quelques changements aux dispositions de S. M. l'Empereur, on pourrait supposer qu'il ne quittera pas de sitôt le séjour de Trianon. Je ne m'en informe avec précision que pour être à même d'obtenir l'honneur de mon audience de congé.

La proximité de Versailles embellit ce voyage. L'Empereur doit

1. Sur Mme de La Place, dame d'honneur d'Élisa, voir ses lettres à la princesse que nous avons publiées.

avoir donné quelques heures à l'examen des travaux faits et à faire dans le château où l'on travaille continuellement, et les habitants de cette ville reprennent l'espoir qu'on pourrait les mettre en peu d'années en état d'y loger de nouveau les souverains de la France.

Les travaux de la session du Corps législatif de cette année tendent à leur fin, et il paraît probable qu'à la fin du mois les députés seront libres de retourner chez eux. Je me suis acquitté de la commission dont V. A. I. m'avait chargé auprès de M. le duc de Rovigo, en lui remettant la lettre que vous lui aviez écrite, Madame, au sujet de Mme de Cavaignac et en y ajoutant les éclaircissements qui pourraient contribuer à fixer l'opinion du ministre sur cette dame.

Je souhaite vivement que la santé de V. A. I. trouve du soulagement dans l'usage des bains de mer[1] et qu'il me soit permis bientôt de venir mettre à ses augustes pieds l'hommage du profond respect avec lequel je suis, Madame, etc.

XLIV.

Anecdote historique sur M. Benoît. — Il y a quelques jours que S. M. l'Empereur raconta au ministre de l'Intérieur, en présence du duc de Bassano, qu' « un bon citoyen » lui avait fait savoir que, dans je ne sais quelle commune de l'Empire, en vertu d'une circulaire sortie du ministère de l'Intérieur, l'on avait forcé les pauvres habitants à s'imposer une charge extraordinaire pour acheter chèrement un buste de l'Empereur en marbre de Carrare, du dépôt que la grande-duchesse a fait établir à Paris[2]. Après avoir désapprouvé cette mesure, S. M. a dit : « Mais la grande-duchesse a dans le ministère de l'Intérieur son ami Benoît, qui sera l'auteur de ce plan. » Le comte de Montalivet s'empressa de représenter à S. M. les motifs de cette circulaire et de détruire les fausses allégations du délateur bénévole qui prenait le masque de bon citoyen. D'ailleurs, ajouta-t-il, si mal il y a, la faute en est tout entière à moi. M. Benoît n'a pas même rédigé la circulaire : sa première pensée, comme son premier devoir, ce sont les intérêts de V. M. — Il ne paraît pas que cet incident, qui a reporté la pensée de l'Empereur sur Carrare, y ait laissé des traces relatives aux anciennes discussions. Je tiens cela de source et pour que j'en donne connaissance à V. A. I. — Quant à M. Benoît, je commence à croire que la crainte de l'Empereur lui a fait prendre l'air d'indifférence pour un établissement que lui et ses protecteurs trouvent trop honorable et trop avantageux pour y renoncer volontairement. Aussi le duc de Bassano, qui est son ancien ami et qui n'a pu jusqu'ici le servir comme il le mérite, a-t-il voulu faire un dernier effort pour obtenir sa nomination avant que l'on fasse d'autres démarches

---

1. La grande-duchesse Élisa prenait alors les bains de mer à Livourne. Elle y avait acheté une villa en 1811, dans le faubourg des Capucines.
2. Ce dépôt était à Paris, rue Napoléon, actuellement rue de la Paix.

pour le choix d'un sujet convenable au poste de secrétaire des commandements. M. de Talleyrand lui-même, qu'il faut aller chercher à Saint-Germain quand on veut jouir de sa société, quoique affectionné à M. Artaud, lui préférerait M. Benoît.

M. Artaud a été élevé par Cacault dans le respect et l'attachement de toute la famille impériale. Il possède les deux langues à la perfection et connaît la Toscane. Il a beaucoup d'esprit et d'instruction, et quoique son protecteur convienne qu'il ne s'est jamais occupé d'administration intime, il paraît en état d'en saisir promptement la marche et les formes. M. de Talleyrand ne se dissimule pas quelques petits défauts, que trop d'élévation dans l'âme et trop peu de déférence pour un chef peu estimable ont mis selon lui plus en évidence qu'ils n'ont selon lui de réalité. Je crois donc remplir les vues de S. A. I., dès que M. le duc de Bassano m'aura fait connaître les dernières résolutions de l'Empereur, ou de m'arrêter à M. Benoît, si elles lui étaient favorables, ou de l'engager lui-même à examiner le projet de porter le sieur Artaud à cette place, ou d'indiquer à S. A. I. un sujet capable de la remplir convenablement : ce sont les derniers soins de ma mission à Paris. — Ce 22 juillet.

XLV.

A Paris, ce 22 juillet 1811.

Madame,

J'ai reçu les ordres contenus dans la note du 13 de ce mois, par laquelle je vois que V. A. I. et R. est retournée dans ses États. — J'avouerai franchement à V. A. que la proposition de Mme de Genlis a lieu de me surprendre. Mme de Finguerlin, sa nièce, est la femme du banquier de ce nom. Mme de Lucchésini, très liée avec elle depuis plusieurs années, peut vous faire connaître, Madame, ses excellentes qualités et vous parler de tous les talents qu'elle possède. C'est une des éducations qui font le plus d'honneur à cette célèbre institutrice. Elle se trouve maintenant sur le lac de Constance, où son mari va la rejoindre ces jours-ci. Les affaires de la maison Scherer et Finguerlin[1] sont assez prospères, et l'on ne connaît pas les motifs qui engagent Mme Finguerlin à quitter sa maison, un mari qu'elle aime, malgré ses nombreuses infidélités, pour embrasser une carrière étrangère à tous ses rapports actuels.

Pourtant, j'irai aujourd'hui à l'Arsenal parler à Mme de Genlis de l'objet de sa lettre à V. A. I. Je lui expliquerai la position où Madame sa nièce se trouverait auprès de Mme Napoléon. Si d'ailleurs on tombait d'accord sur les conditions de l'arrangement général, j'irais en même temps aux enquêtes sur ses qualités et l'opinion qu'on a d'elle

---

1. Scherer et Finguerlin, banquiers, rue Taitbout, n° 1, d'après la Tynna.

dans le monde, pour ne pas m'en fier à celle que nous en avons conçue depuis longtemps, Mme de Lucchésini et moi.

M. Mendouze s'est occupé hier de faire baptiser sa fille à quatorze ans et prête à faire sa première communion à la Saint-Napoléon prochain. Il part cette nuit, du moins je sais qu'il en a fait très sérieusement tous les apprêts et qu'il a un compagnon de voyage.

Depuis quelques jours, on parle d'une prompte paix entre la Turquie et la Russie; on croit qu'elle serait l'effet de quelques avantages remportés par le général Koutouzof sur l'armée du grand-vizir[1].

L'on continue à recevoir d'excellentes nouvelles des armées françaises en Espagne; nul doute que cette campagne n'y fasse éclore des résultats décisifs pour le sort de la péninsule. — Nous nageons ici dans la pluie et l'humidité; cependant les cultivateurs ne s'en plaignent pas. La Cour est venue à Trianon. On a de très bonnes nouvelles de la santé de Madame. Les princes, fils de la reine Hortense, sont au pavillon de Breteuil à Saint-Cloud[2]. S. M. les a fait venir souvent déjeuner avec lui à Trianon et se plaît à rester quelques instants avec eux[3], avec une extrême affabilité. Le roi de Rome prospère et se fortifie.

Je suis, avec respect, Madame, etc.

XLVI.

Paris, ce 24 juillet 1811.

Madame,

Je me rendis avant-hier chez Mme de Genlis et j'appris par elle que la personne proposée à S. A. I. et R. pour gouvernante de Mme Napoléon était cette même Mme de Finguerlin, dont les qualités tout à fait marquantes m'avaient fait envisager l'acquisition comme plus désirable qu'aisée. Elle me dit qu'après s'être assurée des dispositions bien prononcées de la femme et du consentement du mari, elle avait cru pouvoir provoquer l'opinion de tous ceux qui la connaissaient pour justifier l'offre qu'elle venait d'en faire à V. A. I.

Ma précédente dépêche contient l'expression spontanée de mon suffrage et des sentiments de ma femme sur Mme de Finguerlin. M. de Talleyrand les partagerait entièrement et je pourrais en grossir le nombre si la proposition que j'ai été chargé de faire à Mme de Genlis

---

1. La paix entre les deux puissances fut en effet signée, mais seulement le 28 mai 1812, à Bucarest. Les préliminaires en avaient été arrêtés assez longtemps d'avance par Koutouzof.

2. Situé sur le versant du parc regardant la Seine vers Sèvres, ce bâtiment fut aussi appelé alors pavillon d'Italie.

3. Il reste un charmant tableau contemporain de Louis Ducis représentant cette scène.

de la place de sous-gouvernante de Mme Napoléon, exclusivement chargée de son éducation, avait pu convenir à sa nièce. Mais dès qu'elle apprit que Mme la baronne Riccardi était nommée gouvernante de S. A. R., elle me dit qu'il ne fallait plus songer à Mme de Finguerlin ; qu'autant son mari se serait trouvé honoré de savoir sa femme à la tête de la maison et de l'éducation de l'auguste fille de V. A. I. et se serait fait gloire d'y contribuer avec tout ce que sa femme aurait pu demander de lui, autant il trouverait au-dessous d'elle de se charger des fonctions de sous-gouvernante.

Mme de Genlis prêtait au mari de sa nièce ses propres sentiments dans cette affaire ; aussi, tout ce que je pus lui dire pour effacer l'impression de la dépendance apparente où Mme de Finguerlin redouterait de se trouver dans l'exercice de ses fonctions, ne produisit aucun changement dans sa résolution d'abandonner entièrement ce projet qu'elle avait formé pour répondre à la confiance dont V. A. I. l'avait honorée. Elle m'exprima avec énergie ses regrets de n'avoir pu procurer à sa nièce une occasion si flatteuse d'exercer ses talents, de mettre en action des principes et de développer des qualités morales qui l'eussent rendue digne de toutes les affections de V. A.

Cependant, je conçois moi-même qu'il avait toujours existé quelque obstacle à placer Mme de Finguerlin à la Cour de Toscane comme gouvernante de Mme Napoléon. Il serait aujourd'hui d'autant plus fâcheux que l'opinion du duc de Rovigo éloignât Mme la baronne de Cavaignac de la place que Mme de Finguerlin ne veut pas occuper.

Mgr le grand-duc de Francfort est reparti hier pour ses États. Ayant déjeuné hier à Arcueil chez Mme de La Place avec S. A., ce prince me chargea, Madame, de vous offrir ses tendres hommages. Son départ confirme l'opinion générale que les affaires de discipline ecclésiastique sont terminées. S. A. a dit que, dans les États de la Confédération du Rhin, il y aura treize sièges épiscopaux.

Demain, on fera la clôture de la session actuelle du Corps législatif. Je crois que M. le conseiller d'État, comte de Ségur, sera chargé du message de l'Empereur à cet égard. Hier au soir, LL. MM. sont allées coucher à Saint-Cloud. Ainsi le voyage de Trianon est terminé. — M. Mendouze est parti.

Nogent-le-Rotrou, imprimerie DAUPELEY-GOUVERNEUR.